今週の学級づくり あしたどうする

丹野清彦◉著

高文研

はじめに

人生には、晴れの日もあれば、雨の日もありました。風に吹き飛ばされ、涙することもありました。けれど、いま思うと何ひとつ無駄なことはなかった気がします。いえ、無駄にしたくなかった。せっかく泣いたんだから、悔しい思いをしたのだから、それを財産にしたかった。それでも、多くのまちがいも後悔も繰り返してきました。

だからこそ人一倍、あしたどうする？　と、自分に話かけ、問い続けてきた気がします。

あした、どうする？

それはあしたのすごし方であり方法です。だけど、ただ方法だけ、仕方だけではありません。あしたを変えようとする思いが方法をつくり、それがいつか理論となるはずです。けれど理論ができたからと言って、いい方法が見つけられるわけではありません。気持ちは子どものことを思っていても、おかしなことをしている人っているからです。

いったい何がちがうのでしょうか。

その答えは、子どもたちが教えてくれました。

この本は、年間の見通しを一週間ごとに書きました。きっかけは、子どものためを思って毎日がんばっていたら、３月の修了式の日、

「終わったー」

と、喜んで教室を飛び出した子がいたことです。いいクラスにしようと、いろいろなことに気持ちを向け、たくさん注意をしました。子どものためです。確かにそう思っていました。

けれど、あの飛び出した子どもにとっては、迷惑だったのかもしれない。それから何年間か考えました。そして、あれもこれもと考えないで、ひとつずつ力を入れていこうと思うようになりました。

すると、子どもたちもゆったりと過ごすようになりました。ゆったりした気持ちがクラスの雰囲気をつくり、あたたかい声かけや発表が増えました。

どんなにがんばっても、うまくいくとは限らない。けれど考えない限り、キセキは生まれない。第一、近づいたことすら気づきません。

本を開いてください。

そこには、私が長いこと子どもと付き合い、子どもから教えてもらった学級づくりや授業づくりの結晶が、きらきらと煌めいています。

◉もくじ　『今週の学級づくり　あしたどうする』

6月　トラブルが起こる。でも、これだけはゆずれない……34

7月　がんばらない、流れに身をまかせよう……42

8月　アリとキリギリス、自由になろう……52

Ⅱ 夏から冬

Ⅲ　春へ

カバーデザイン　藤森瑞樹
DTP組版　えびす堂グラフィックデザイン

Ⅰ　出会い

4月

みんなを笑顔にする

不安と期待が入り混じる出会い。けれど、積極的にリードしよう。

4月をのりきる

一度に教えない。毎日少しずつ、でも20日ある。

自分の人柄をうまく子どもたちに伝えよう。

1週
学級会を開いてクラスのルールをつくる
2週
チャイム席にゆる〜く
3週
いじめを撃退
ストップ。ザ・IJIME
4週
初めての参観日

1週 学級会を開いて、クラスのルールをつくる。

してほしくないことを出し合う

3つ選び学級の憲法にする

教室の前面に掲示する

月の終わりに確かめ合う

人には知恵を働かせなければならない時がある。新学期がその時です。一番の緊張は始業式。席を決めるのも、荷物置き場や給食当番も簡単な学級会を開いて決めよう。

どうして？って。それは、「なんでもみんなと話し合って決める」教師の姿勢を伝えたいから。学校は民主主義を教えるところなんだよ。学級の仕組みは、子どもと共同責任ってこと。だけど安心して。最初の週から、いろいろな意見は出てこないよ。まずは積極的にこちらから話し合う姿を示そう。すると、次はどうなる。1年の流れをつくりたい。大きな川の流れです。クラスのルール、憲法をつくりましょう。「これだけはしてほしくない、ってことを出し合って、平和なクラスにしよう」と呼びかけると、子どもたちの目が、キラキラするよ。けれど、いくつも学級のルールがあるとおぼえられないから、まずは3つからスタートしよう。大まかな学級の枠取りができると、なんだか安心するよ。

これで第1週はおしまいだ。いい夢を見てね。

2週　班をつくり、チャイム席にゆる～く取り組もう。

練習して、授業のはじめと終わりの時間を守ろう。

次のような原案を紙に書いて提案します。

チャイムを守ろう

提案者　先生

■いつ守るの？
3、5時間目のはじまりのチャイムがなり終わったとき、アウト。

■集計は班ごとです。

■席についていない人に班で声をかけよう。

第2週は、4月の勝負の週だよ。あなたの学級づくりの意思を示したい。何より大切にしたいのが時間を守ること。はじめは、教師が時間を守り授業をはじめよう。これはできるよね。次は、終わりの時間だ。チャイムがなったら途中でもあきらめ「残念だけど、ここまでだね」と、あっさり終わろう。

授業が長引いて、終わりの時間が守れない先生ってたくさんいるよ。これはまずい。「ぼくも時間を守るから、みんなも守ってください」と声をかけ、ともにクラスの生活をつくっていこう。

だけど、全部の時間に力を入れていると大変です。疲れちゃう。そこで、3時間目と5時間目のはじまりだけ、調べる対象にしよう。ひとつのことができれば、その力はきっと広がる。これだと調べる方も楽です。

声かけ練習

カウントダウン

子どもたちだって、1日に2回がんばればいいとなれば、わかりやすい。このわかりやすさが何より大切。取り組みが始まる前は、必ずリハーサルをしよう。4年生を受け持っている時です。「3時間目のチャイムがなりました。10秒後に座っていない人はアウトです」と言って、カウントダウンします。子どもたちも一緒に数えます。これが1回目の練習です。

2回目の練習は、「フックンが座っていません。班のお友だちが声をかける練習」と言って、働きかけ方を繰り返します。ここまでやると子どもたちは、人に働きかける言葉を学びます。こうやって言葉を教えていこう。言葉というのは、教えられて身につきます。

はじめはゆるくスタートしよう。目的は、人とかかわり、働きかけながら、チャイムを守ろうとすること。チャイムがなった時、子どもたちのカウントダウンが始まると、流れはあなたのものに。

3週

いじめを撃退！ ほめほめカードで前向きムードをつくろう。

対話コーナー、人生について語る場所。

ほめほめカードが人気です。

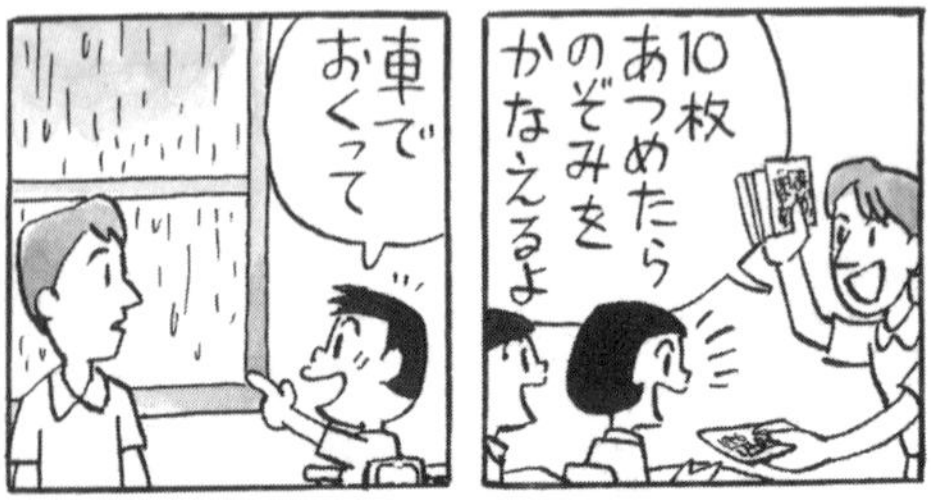

さあ、第3週。いいことをしたらほめよう！ どんなことがいいことかって？ ものさしは二つ。みんなでつくった学級のルールを守ること。学級のルールは、飾りではありません。もう一つは、取り組み。たとえば先週の「チャイムの合図を守る」。3時間目のチャイムを守った人に、「はい、ほめほめカード」。そして、「10枚集めたら望みを叶えるよ」って言いました。いじめのないクラスをつくる。注意するよりも、ほめることで方向を示そう。

すると子どもたちは歓声を上げ、意欲満々。言葉だけでなくモノでほめましょう。では、どんな望みが出てくるのかな。

宮崎くんは、「車で送って」と、雨が降り出したのを見て言いました。「叶うと思うの」ぼくの言葉に「だよね」と、首を振り、にやりと笑いました。こうやって、子どもたちも教師を試してきます。だからこそ、会話を楽しみ、いろんな望みをかわしていき、教師が人気者に。

子どもを毎日、ほめていますか。ぼくは「今週はこの人たちをほめよう」と、決めています。ほめることが見つからないのが、目立たない子です。そんな時は、ノートの字や日記などを読み上げるよ。

反対に、叱る時はどうするか。それは、「放課後、人生について語ろう」と、クラスの隅っこの対話コーナーを指さします。人生について語ろう、ちょっと上品なおどし方でしょう。中庭にベンチがあったら、人生について語る場所に最適です。怖い場所をつくることです。ぼくはよく、納屋で叱られました。注意するときも、どんなときも楽しくね。

子どもを伸ばす 4つの言葉

変な子をほめる
きみおもしろいね
地味な子はノート
きれいな字だ
働きかけをほめる
いいね
怖い場所をつくり 注意
人生について語ろう
!!

4週

初めての参観日、保護者会。信頼を集めるために。

参観授業でたくさんの子どもをあてる。すると保護者の信頼が。

第4週に待ち構えているのが、初めての参観日。緊張しますね。後ろにおうちの人がずらり。

「今年の担任は、どんな人かしら」

おうちの人のささやきが聞こえてきそう。

その期待に応えるのが、参観日用の授業。普段にまして簡単な質問を増やします。質問をやさしくして、発表のチャンスをたくさんつくります。そして、発言のたびに子どもをほめよう。机間巡視の時も、ノートに考えを書いている子に、

「いい考えだね、自信を持ってね」

そっと語りかけ、励ましていきましょう。

安心できる教室をつくりたい。あなたの気持ちをほめる言葉で表現する。だけど、緊張してゆっくり声をかけながら歩いていたら、よろめきました。こんなぼくの姿でも、保護者の信頼は集まるでしょうか。もちろんかえって人気者です。

家庭訪問でおうちの人にインタビューしよう

参観日が終わると、家庭訪問や個人面談が始まります。そんな時、どんな会話をしたらいいのでしょう。困ったことはありませんか。ぼくは、

「子育てで、大事にしていることはなんですか」

と、必ず聞くようにしています。すると相手は、

「なんだったかしら・・・」

と考えます。思い出すことが重要です。雨の日も風の日もどんなふうに子どもを育ててきたんだろう。親がそれを思い出すのをじっと待ち、耳を傾ける。

「人から好かれる子になってほしい」や「だれにでもやさしくて、信頼される子」と、教えてくれます。するとぼくは、「今でも十分そうでしょう?」と聞き込み、もっと話してもらいます。こうやって、家での子どもの様子、保護者の希望を聞き取ります。あっという間に実のある時間が過ぎますよ。

知っとく

1時間の流れを明確にして、授業の形をつくる。

できれば、4つで構成する。

①
元気な声で音読する
②
問題を写しノートに考えを書く
③
学習班をつくり意見を交流
④
勇気を出して発表する

落ち着いた学級をつくりたい。それには、授業づくりが必要です。子どもたちの出番がある、ちょっとは疲れる授業。4月だからこそ、音読→考えをノートに書く→学習班で交流する→発表する、こんな授業を定着させましょう。

まず基本のスタイルを確立します。それになれたら、少しずつ展開に変化をつけましょう。ぼくの授業は人気です。

「次にどう展開するかわかるから」

と、子どもが言います。子どもたちにもなれと見通しが必要です。ひとつ授業のパターンをつくろう。できれば4つの構成でね。

特別活動の時間に！
あなたのいいところを教えてください。

授業の形をつくりながら、もうひとつ授業で行うことがあります。自分のいいところを、特別活動の時間に書いてもらいます。

あなたのいいところを教えてください、わけも書いてね、と投げかけます。すると「ぼくのいいところは」と、みんなが答えてくると思いますか。傾向は次のとおりです。

おもしろい子　　ふつうの子　　よくできる子

よくできる子は、実はいつも人と比較し、大人のもっとがんばれという言葉にとらわれています。そのため自己肯定感の低い子がいます。この作文では、子どものいいところを知ることと不安な気持ちでいる子どもを知ることができます。

読みながら、だれかあててみよう、と書いた人を探すと雰囲気が和みます。しかし、一番の目的は、子どもたちの家庭状況をさぐり、子ども理解に役立たせ、これから始まる1年の指導の参考にすることです。まずはやってみて！

知っとく

班がえは、子どもの楽しみ。
本気の話し合いは、ここから始まる。

4月が終わろうとしています。班をかえる時期が来ました。十兵衛が、「そろそろ班を変えてください」いいだすと、まわりも賛成しました。こんな時、次のことを話し合います。

◇月ごとか、期間を決める
◇新しい班のつくりかたを話し合う
◇この班の良かったことをまとめる

こうやって、まとめをして、新しい班づくりをスタートします。班が決まると、机を動かし班長さんを決めてもらいます。子どもたちは、席を移動するだけで楽しそう。景色は一変します。

●はじめの頃は、くじ引き

4月は名前をおぼえるために出席番号順でしたが、十兵衛が今度はくじ引きがいいと言い出しました。くじは偶然性があり、スリルがあります。視力等で席を入れ替えることはありますが、だれもが納得する決め方です。

まず、ここからスタートします。繰り返していると、いろいろな案が出てきます。それを順に話し合っていると、そこから本気の話し合いが。

●どんなことがあっても男女混合

どんな班のつくり方をしても、譲りたくないのが男女混合です。席も、男子と女子が隣同士に座っている方がいい。程よい遠慮があるからです。班のつくり方をお見合い方式や他の仕方を選んでも、男女で座ることは、念を押しておいたほうがいいよ。本当は、彼らもそれを望んでいます。本当に？　たぶん。

●代表者がつくる

自分たちで班をつくりたい。こう言い出したら、居場所ができた証拠です。みんながそうなら、うれしいです。また、代表者がつくると言い出すこともあります。

どちらも期間をはっきりさせ、どんな班をつくるつもりか、聞きましょう。たまには任せて、子どもに責任を預けることもいいかも。

子どもの自立

はじめは教師に班をつくってと教師を頼る時期。

つくり方を選ぶ時期。おもにくじ。

自分たちで、つくりたいと言い出す時期。

5月

本格的な同居生活がはじまる

だんだん子どもが、自分を出してくる。だけど、上手に子どもとの距離をとろう。

1週
話術のコツ
2週
学習班を使って交流
3週
やりたいが実現
4週
月末は今月のまとめ

5月をのりきる

先生の話はおもしろい。子どもが話を聞きたくなる、そんな工夫を。これができれば楽。

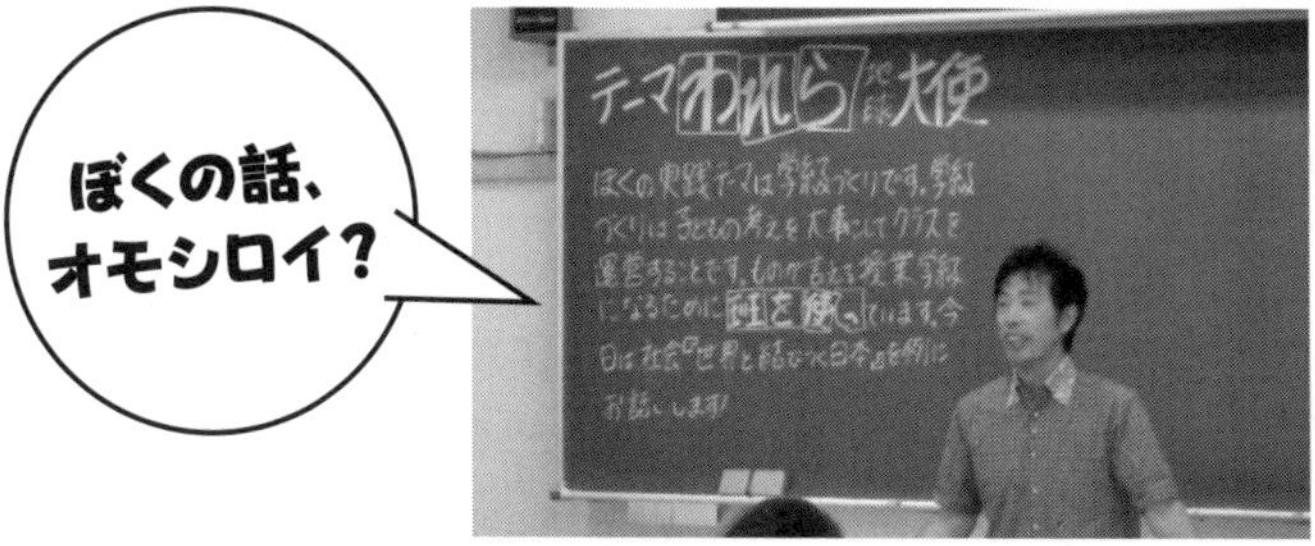

1週

朝の会で子どもたちをひきつける。その話術のコツ。

さあ、5月。クラスはどんな雰囲気かな。

「こっちを向いてください」

何回言っても、フックンはこっちを向きません。何か工夫しなければ。ぼくは、どう話せば、フックンたちを自分の方に向けられるのか、話し方を前の日から考えました。子どもが話を聞かない。大きな悩みです。

でもね、教師の側にも責任があるんです。それは、話し方に工夫があるかです。考えてみてください。朝の会は二百回あります。ただの連絡ですませていませんか。フックンがこっちを向いたのは、自分の名前が話に出る時でした。友だちの名前が出る時もです。ぼくは、昨日のできごとから子どもたちの名前をたくさん出して話すようにしました。すると、子どもたちが、話を聞くようになりました。トラブルを再現し、フッくんの様子を実況中継すると爆笑です。話術のコツ、子どもは、どんな話で笑うのか知ることです。

話術のコツ、3つのアドバイス
はなしがうまくなりたいよー！

話し方の基本は、起承転結。けれど、当たり前ではおもしろくない？　子どもに展開が、読まれるようではダメ。
だったら、話のどこを工夫したらいいの？

読まれない展開例

たとえば、窓ガラスをわるな、だとしよう。

きのう窓ガラスが割れた、で始まり、その様子を説明すると、起承です。転結はどうなるかな。この流れから想像すれば、割らないようにと、まとめたくなる。

それを逆に持っていこう。割ったらいい、こう展開したい。それだとおやっと、身を乗り出して聞いてくる。では、どうまとめるか。ぼくの場合「すべてはお金が解決する。人にあたるよりモノにあたった方がいい」現実的でしょう。

無理にまとめない

教師の話がお説教的に聞こえるのはなぜか、わかりますか。それは、まとめようとするからです。

近所に畑があって野球をしていた。畑は人のものだけど、そのおばあちゃんがものすごく怒るので、畑に落とし穴をほって、水を入れた。わくわくした。けれど、おばあちゃんは落とし穴に落ちなかった。見に行ったら、ぼくらが落ちた。

だからね、とまとめたくなる場面。「ここから先は、考えてみてください」ぐらいで終わる日もつくろうね。それが印象に残ります。

間をとろう

では、どう話したら、話のうまい教師になれるのか。ぼくは、間をとることを重視しています。

話している時に、立ち止まり間をとります。

(あれ、どうしたのかな)

子どもたちが、集中します。学年で間の長さが違います。

それに加えて、ハンカチが小道具です。さっと取り出して、ボールにたとえる、紙にする、丸めて投げつける。動きがでるので、見てくれます。

話術とは、話がうまいだけではなく、人をひきつけることなんですね。

2週

学習班をつかって、子ども同士交流できる時間をつくろう。

4人組で交流タイム。これで一斉授業の単調さをやぶる。

話し合いの説明カードを各班に準備します。

第2週は、本当の意味で1年のはじまり。連休が終わり、落ち着きを取り戻せるのか、がちゃがちゃしたまま、すごすのか。なんといっても授業だけは順調にすすみたい。そんなとき、学習班です。話し合いの仕方を各班に配ります。そして、4人1組の学習班を使って話し合い活動を仕組みます。こうすると、

・話し合っている間に緊張がとけ、雰囲気がほぐれます

・話し合いのあとで発表が増えます

子どもたちに、友だちと交流する時間をあげることで、発言しやすいムードが生まれます。ともすると隣の人が何を考えていたのか、知らないまま、授業が終わってしまいます。子どもたちも、どこかで声を出し、人と話し交流、共同して学びたい。一斉授業ばかりだと、単調さと緊張でガチガチに。学習班を使って、授業に変化をつけてみよう。

では、学習班はどんな場面で使うのですか？

いい質問ですね。大まかに３つの使いどころがあります。

◆教科書を読む場面。

４人組や２人組で１文ずつ交代して読んでみよう。だんだん声が大きくなって楽しいよ。だれでもできます。

◆問いをだして考えた後の交流。

問題に対して考えをノートに書く。それを学習班で順に発表しあう。交流会であり、リハーサルです。

◆まとめのあとの感想発表。

感想やわかったことを学習班で出し合います。ああ、この人はこんなことを考えていたんだな、わかります。

授業の中で自分が出せてこそ、安心できる学級に。そこから子どもが落ち着き、授業は成り立ちます。

3週 やりたいことが実現する。お楽しみ会をまかせよう。

子どもたちは学級会が好きになる。だって、希望が叶うから。

学級会の原案と学級会のプログラムです。

お誕生日会をしよう

提案者　先生

いつ　5月最後の水曜。4時間目。

プログラム

①4月、5月生まれの人が入場。
②みんなで歌う。
③ゲーム大会。
④感想発表。

第3週、クラスはなんとか順調に進んでいます。しかし、ここらで息抜きが必要です。こっちが息抜きをつくらなければ、子どもたちが勝手に始めてしまうでしょう。

ではどんなことを。それはお楽しみ会です。十兵衛が「去年は誕生日会があったなあ」と、つぶやきました。「それ、提案したら」ぼくは、誘いかけました。教師が実現してあげるのでなく、自分で提案してもらいます。耳を澄ましていると、子どもの声が聞こえてくるはず。それをキャッチして提案してもらいます。

自分たちの提案が実現する、それが学級会なんだと、子どもたちに実感してほしいです。こういう経験を通して、いつか十兵衛がリーダーに。子どもたちは学級会を身近に感じ、話し合うことが好きになります。

だれが原案をつくるの？ 3つの原案（計画案）のつくり方

原案の書き方を教えるつもりで、画用紙に簡単な計画案をつくろう。もちろん、提案者は先生だよ。前のページがその原案です。はじめは先生からだよ。

先生

こんどは言い出した人と一緒に計画案を書くよ。前もって、その子に計画をノートに書いてきて、と言います。こんな様子を見ている子どもたちが、書きたいとそのうち、言い出します。

子どもと一緒に

遊びの計画は遊び係りに。誕生日会だと集会係りや委員長かもね。でも、やっぱり言い出した人には責任がある。ゲストとして、案づくりに関わってもらいます。

子ども同士

4週 月末はいつも、「今月のまとめ」。

新しくできた友だちについて作文を書こう。

なんとか5月の終わりがやってきました。それなりに人間関係が落ち着こうとしています。こんな時、もっと広い世界へ子どもを連れだしたいと思いませんか。そこで、月末に行うのが今月のまとめ。まとめ用紙を次のページのように準備します。自分の頑張りとクラスの成長を書いてもらいます。繰り返していると、「わたしは、今月なににがんばったかな」と、意識し始めます。また、自分のことだけでなく、「クラスのよくなったところ」にも目を向けてね、と働きかけます。意図的に、子どもたちを広い世界へ誘い、視点を広げていきます。

もうひとつ、5月に子どもに書かせたいのが「新しくできた友だち」です。新しい学級ができ、2か月が過ぎようとしています。「わたしの新しくできた友だちは・・・」と、書いてもらい、関わりの輪が広がっていることを確かめたい。注目しているのは、ひとりぼっちがいないかどうかです。みんなに、新しい友だちができていると、ほっとします。クイズにして読み上げると、子どもたちの表情が、一層明るくなるよ。書き言葉には、特別な魅力があります。

特別活動の時間に！
いつも、今月のまとめをしよう

5月 のまとめをしよう

名前（　　　　　　　　　　）

1　あなたが今月、力を入れたことを教えてください

2　前の月より、クラスはどこが良くなりましたか

3　あなたは、来月、何に力を入れるつもりですか

4　今月のおもしろかった授業を教えてください

5　今月の伸び率 NO1 はだれかな。わけも書いてね

自分をふりかえろう。

全体を見るようにしむける。

これはぼくのために。

驚き！　こんな作文を書いてくれました。

新しい友だち

山本　十兵衛

新しい友だちは、五年になって初めて会った丹野先生です。

あーっもうこんなになるけど、顔に似合わず本を出していたり、人生についてくわしく、子どもの頃に遊んでいても、職につけたらしく、教えてくれたし、いろいろ特徴があるからおもしろい。

新しく発見したことは、少しひげがあること。まあ、それはいいか。いいところは、勉強にはきびしく、遊びは楽しそうだし、自称おしゃれだし、いろいろな面があるから、この人はおもしろいなと、思った。

ふつうはこんな感じです。

新しい友だち

上村　健太

新しい友だちは、山本くんです。５年生になって、その時、遠足がありました。山本くんと友だちになりました。

行くまでにいろんな話をしました。山本くんは、難しいことばかり言います。ギャグも言います。

でも、山本くんは、おもしろいです。

知っとく 関わりが増えれば、居場所ができる。

4月は、給食を食べる時に、生活班を使うくらいでした。5月になると、係りを班で受け持とう、と特別活動の時間に提案します。班で活動することを少しずつ増やします。班は、子どもにとって小さな社会です。係りを何にするか、どうやり遂げるか、話し合いと働きかけが生まれます。その場面をつくることがねらいです。あなたには、気にかけてくれる人がいる。班とは、そういうものです。

5月は、子ども同士の関わりを、ひとつでも多くつくるために、活動を仕組んでいきましょう。本格的な同居生活は、関わりあうことから。関わりあえば、やがて教室が居場所となるはず。

班活動の種類

給食で班

係りも班

授業でも班

掃除分担も班単位

6月

トラブルが起こる。でも、これだけはゆずれない

暑さと疲れで、自分が出てくる。だけど、否定的な行動の中に、肯定をみつけよう。

6月をのりきるには

雨の季節、ストレスを遊びと体育で発散。

子どもを動かすことがうまい教師になろう。

1週
トラブルを人形劇に
2週
休み時間にクラブ
3週
否定の中の肯定
その時心の中でなんて言ってたの？
4週
班で遊ぶ日

1週 トラブルを人形劇に。そして再現しよう。

一学期の一番むつかしい月です。暑さと疲れで自分が出てしまいます。つい感情的に叱ってしまいそう。こんな時、役に立つのがパペット。フックンはいつも忘れ物をします。叱るとまわりの子どもから「先生、こわーい」と、言われました。そこで、百均で買ったパペットを使いました。

怒り役「お前いい加減にしろ。何回言ったらわかるんや。情けない」
守り役「そんな言い方、あんまりよ。やる気がなくなるわ」
怒り役「だけど、いつもいつも・・・」

こんな調子で、パペットが登場して交互に言い合います。これでぼくもスッキリ、子どもたちは笑います。トラブルが起こっても、パペットを使い再現します。まわりの子どもに様子を聞きながら人形劇で再現ドラマに。「どうすればよかったのかな」、と聞くと、フックンがひとごとのように「あいつが悪い」。あいつって、きみじゃない！　なんてね。

人を変えることはむつかしい。でも、自分を変えることはできるんじゃない？　自分を変える、それは方法を変えることです。

2週

雨の季節。休み時間の遊びで学級にクラブをつくる。

遊びをはやらせると、ひとりぼっちがいなくなる。

たとえば、どんなクラブが生まれるのかな。

学級にクラブってどういうことなの？

うれしい質問です。休み時間の遊びのことだよ。子どもたちは何をして、誰と遊んでいるのか、把握しているかな。

えー、知らない！　子どもの人間関係は、休み時間に最も現れる。まず観察してみてね。

不登校傾向の子、すぐに暴力を振るう子、落ち着かない子に特に注目してみよう。彼らは何をしているのだろう。

ひとりでグランドの隅っこにいたりしてね。一緒に砂場でドロダンゴをつくろうよ、ぼくなら声をかける。暇だから彼らはやろうとします。教師がダンゴをつくっていると、他の子もやってきて、おおにぎわい。これを毎日やると、ドロダンゴクラブの誕生です。

なまえをつけると、仲良し度は倍増。画用紙に書いて、会員を募集します。大学のサークルの募集みたいなポスターだよ。書かせてみてね。

この話には前話があってね、フックンは、いつも落ち着かない。たまに、脱走する。ある日の昼休み、そんな彼を追いかけてスベリ台へ行った。そしたら、彼が砂場を見たんです。すべり台の下に砂場があってね、さっと滑って、ドロダンゴを作り始めた。手の感触がよかったんでしょうか、夢中になりました。あっというまに、ほかの子がやってきて、一緒に遊んだ。それで遊び仲間に、名前をつけた。ダンゴクラブです。目的は、一人ぼっちをなくすこと。

誰かと一緒に体を動かし、仲間意識をつくりたい。しかも、雨の時期の休み時間は危険がいっぱい。遊びを流行らせよう。

学級にクラブをどんな調子でつくっていくの？おしえて！

3週

否定の中の肯定、暴力は許せない。だから暴力を言葉に。

その時、心の中でなんと叫んでいたの？　あの場面からもう一度。

子どもの言動を通訳できますか。

なんだか落ち着かない。イライラしてしまう6月。だから大切なのが聞き方です。十兵衛はすぐに人をたたきました。

「たたかずには、いられなかったんでしょう」

こう聞いてみよう。すると、相手は理由を語りやすくなる。

「先生、うまいことゆうなあ」

と、話しだしました。うん、うんと聞きながら、

「心の中では、なんと叫んでいたの」

と、聞きこむ。すると十兵衛が黙った。もう一度聞くと、

「や、やめろ？」

彼のその目がとても悲しそうだった。聞かれて初めて言葉に出会い、自分のしたことと向かい合う。

「そうだったのか。やめてほしかったのか」

暴力はいけません。でも、暴力を言葉にすると、要求があったのです。否定の中の肯定と呼びます。もめる場面からやり直してみよう、ロールプレイの始まりです。

4週 班で遊ぶ日。みんなで遊べばもめごといっぱい。

6月も第4週。梅雨も本格的でしょう。クラスには、みんなで遊ぶ日がありませんか。でも、このみんなで遊ぶ日は、みんなでもめる日に。大人数で遊ぶ経験がなく、勝ち負けにこだわるからでした。そこで、クラスみんなではなく班で遊ぶ日に変えました。すると、

「昼休みは、自由に遊べないんですか」

と、杏里さんが言いました。ぼくの提案は、

「5分だけでいいんだよ。あとは自由だよ。教室からグランドまで、何分かかる？」

「3分か4分、ええっ残りは1分？」

こんな調子です。いろんなことが起きるけど続けてみましょう。トランプや将棋、班で図書室まで行って解散、それでも話し合いは必要です。集団生活に味をつけてあげたいと思います。仲間の味です。

こんな提案です。

水曜は班で遊ぼう

提案者　遊び係り

●水曜の昼休みは、班で5分遊びましょう。

●わけ。

まず班で仲良くしたいからです。

●確かめ。

帰りの会でなにをしたか、発表してもらいます。

知っとく

意外なことに体育。疲れる体育で気持ちいい。

二人組、三人組、体育で身体が触れて連帯感。

今月の知っとくは、汗をかく体育館体育のすすめ。忘れてはいけないのが、汗をかくほど楽しい体育です。

どうですか。体育には自信がありますか。どんな体育の授業かというと、はじまりの10分にその秘密があるのです。だれもが行う準備体操、そのあとにどんなことをしていますか。

まずは、一斉に体育館をダッシュする。（次のページを参照）次は、2人組です。おんぶして走ります。手押し車や背中合わせで走る、幼児にかえってお馬さんパカパカも。息をあわせないとできない活動を仕組みます。こうしていると、だんだん仲良くなって、クラスのムードもやわらぎます。

授業なので、ある程度強制できるのも強みです。さらに3人、4人と増やしていきます。けっこういいスピードで次々とね。体を動かすと、もめごとが減ってくる。不思議だけど本当です。だって、むしゃくしゃしたら、走ったりしませんか。

自分の体とうまくつきあえるようにする。早いうちから、当たり前のようにやってみよう。心と体、つながっているんですよ。

①体育館で
クロール
②ふたりで
背中合わせ走
③おんぶで
GO!
④手押し車で
ぺたぺた
⑤三人で
人間運び
⑥四足で
ダッシュ
⑦後ろ向き
ダッシュ
⑧前向き
ダッシュ

7月

がんばらない。流れに身をまかせよう

あと少しで夏休み。自分を励まし、いらいらを抑える。

7月をのりきるには

ここからはやり直せない。ものづくりや絵を描くことを増やして時間をすごそう。

1週 つながりをつくる。お楽しみ会の計画は子ども。

一学期終わりの会をしよう

1 **提案理由**　とうとう7月です。よくここまで来ました。みんなが・・・。

2 **目的**　みんなで楽しもう。

3 **する日**　7月15日4限。

4 **プログラム**　①はじめの言葉
②ドッジボール
③感想発表

5 **係り**　司会・・・・・希望者
審判・・・・・班長
感想発表・・・希望者

あと少しで夏休み。こちらは息切れ状態かも。それでも7月になっても元気なのが子ども。

「先生、一学期終わりの会をしませんか」

杏里がそばにやってきた。そこで、

「あなたたちが、いいように原案を書いてみてよ」

と、答えます。喜んだ杏里は、仲良しに声をかけ案をつくってきました。「提案してごらん」、一学期教えてきたことが、どこまでできるのか、試すチャンスです。無理せず見守り、9月にエネルギーを回しましょう。

2週

一学期をふりかえり、詩を書こう。

みんなで読み合い、メッセージをおくる。

こんな手順で詩を書かせよう。

暑くてぼくはへばっています。こんな時、どうしたら気持ちよく終わりが迎えられるのでしょうか。

何度となく考えた。そこで書くこと。国語や特別活動の時間を使い、一学期がんばったことを詩に書こうと呼びかけます。失敗や努力を言葉にして、過去の自分とうまく付き合えるようにします。あの出来事があったから、今がある。そんな日のことを書いてもらう。前の年に書いた子どもの詩を読むと子どもたちは、しーんとしたり笑ったり。実際に作品を読むのが一番です。さらに、「何を書いていいか、困ったら手をあげてね」と、声をかけます。

こうやって、ひとりずつにアドバイスし、できた人から詩を読むと、またまた笑いの渦。暑さに逆らわず、書く世界に浸る。いいものです。

特別活動の時間に！
あなたが一学期がんばったことを詩に書いてみよう。

子どもたちは、すぐには書けないもの。そばへ行って、あれを書こうよ、とささやこう。すると次の詩が生まれました。さらに、この詩にメッセージをおくってもらいました。
下の詩は、メッセージをおくったもの。クラスがあったかになる。

質問王

？（はてな）
ぼくの4年の一学期
「せんせい」
質問ばかりだ
「もう少し、
質問へらせないのか」
いつも先生は
そういっている
ぼくは4年2組　一番の
質問王になっている
しつもんへらせないのか
しつもんへらせないのか
「？」

しつもん王

野中くんは
　4の2のしつもん王
野中くんは
毎回のようにしつもんする
なので、先生は
「しつもんするまえに
　ちょっと考えよう」
のフダを出す
でも　野中くんは
しつもんしつづける
ぼくは
そんな野中くんの根性は
りっぱだと思う

3週

一学期終わりの会を実行しよう。

やるだけで大満足、少し短めがちょうどいい。

いろんなことがあって、この週を迎えたと思います。どんなクラスにも、過去があるから現在がある。あとは、いい方向へつなげるだけです。

一学期終わりの会は、提案通り決まりました。会の当日を楽しみに、子どもたちが過ごす、待っている日々が大切です。だれでも楽しいことがあるから、それを目標にがんばれます。この待っている期間を意識的につくり、学級イベントを行いましょう。

例えば月曜日は「ドッジボールのチームは班が基本」、火曜日は、「ゲームはこれです」、と、少しずつ提案してもらい、はっきりさせます。前日には担当者でリハーサルを行い、スムーズに行えるように配慮します。無理をせず、少し短めに。ミニでいいんです。それが、かえって感動的になりますよ。

子どもにまかせるところは、司会とゲーム

まかせるといっても、必ずリハーサルはします！

補習で

夏の個別指導で子どもとこんな話をしよう！

放課後や夏休み、補習タイムに子どもに聞いてみたい。そう、勉強だけではつまらない。個別に指導しながら、家での暮らしを聞きこもう。

◆友だちできましたか。

学校楽しい？ と、聞いてみよう。

子どもがそこからにこにこと話してくれれば、まず安心。好きなことや幸せな時間は？ なんて聞くとおもしろいよ。

◆晩ご飯はなにを食べたの？

まずはここからおうちの様子を把握していこう。

食卓の風景を聞いていくと、その家の様子が目に浮かんできます。今後、気にかけた方がいいのか、わかりますよ。

◆おうちの人と遊んでいるの？

お父さんやお母さんとの関わり方がわかる。会話もない、だとしたら、宿題忘れや忘れ物が多くても、しょうがない。こんな子どもに、どんなサポートが必要か考えよう。

知っとく

実践ノートを記録すると、気持ちが落ち着く。

ノートの半分が計画、残りは事実。

ノートにどんな計画を書くのかと聞かれると、次の4つです。

◆朝の会でほめる人とその内容
◆班長さんへの指導や教えること
◆気になる子へ話すことや関わり
◆気になる子を頼んだ子と話すこと

毎週、この4項目を計画に書いています。ノートの左側です。金曜日の放課後や土曜日に、1週間分まとめて計画をたてることもあります。

大変だな、と思うかもしれませんが、「今日、学校へ行ってどうしよう」と悩むより、毎日が楽です。

計画したことに対して、実際に実践したことや反応を放課後ノートの右側に書き込んでいきます。

「じゃ、どう思ったか言ってみて」
「えっと・・・」
「待って、えっと、って書くね」

こんな会話をしながら、子どもの前にノートをおいて話しながら記録します。

これだと、放課後思い出せない、なんてことがありません。なにより第3者がいるような気になって、ぼくの気持ちや子どもの気持ちを冷静にしてくれます。

その他にも、予想外の反応や言葉、つぶやきは、必ず記録します。

春のノート

5月27日（月）

1. ほめること
・今日は出席順で25番。中川さんの㊢。
・漢字がうつくしいのでコピーしている。
◎授業中こっちを向いて！と。言ったら。見よう♀

2 班長さんへ
・こっちを向いて。といったら
ア "何"をして。くれますか？
イ だれを 意識しますか。
この2つを投げかけて。みよう

3 個別の指導
・ちこく欠席の多いモッくんが。やってくるかな。
ア．もし来なかったら。昼休みに行ってみよう。

4. かかわる人
・モッくんのことは。同時に気になる熊本に頼んでいるので。家に行く時にいっしょに行こうと。さそってみよう。なんて。こたえるかたのしみだ。

けっきょく きましたー！

◀実際のできごと▶
・そこで班ごとに何回。先生に注意されるか、おさえるか。目標点をたてた。

班	1	2	3	4	5
点	0	1てん	0	3	2

なんで3点か？

◎かえり際、なにをしてくれたか。班長をあつめてきいた。3班の班長がおしゃべりをしていたら、わきばらをつつくといったらうけていた。オモシロイ♀

やっぱり来ていない。

それで。昼に熊本をさそって。アパートへ。

ドアをあけない。それでゆうびん受けから筆談をしたが。ペンがない。

熊本が上の自分の家から持ってきてくれた。とりにかえったら さぼってかえるな！と母さんにしかられたという。

ふだんが。わるいからだよ♀

◆4つの視点で指導しています。計画を立てると半分くらいが実行でき、あとの半分は忘れます。

◆朝ほめる人は、決めています。全体や班、個人をほめます。個人は目立たない人を意識しています。

◆関わる人は、頼める人です。人は頼まれると成長します。困ったさんに頼んだりします。

秋のノート

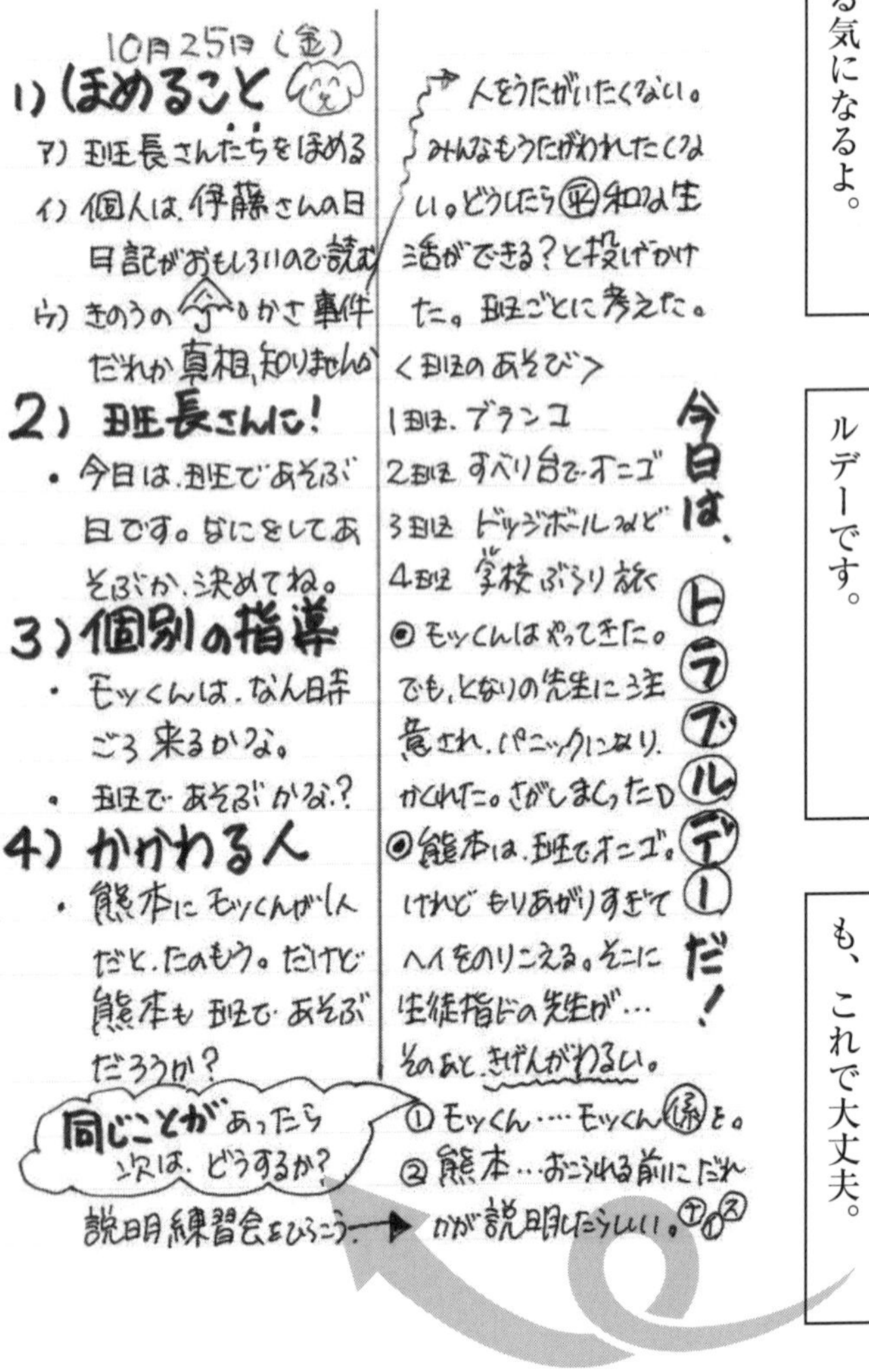
10月25日（金）
1）ほめること
ア）班長さんたちをほめる
イ）個人は、伊藤さんの日記がおもしろいので読む
ウ）きのうの今のかさ事件
だれか真相、知りませんか
2）班長さんに！
・今日は、班であそぶ日です。なにをしてあそぶか、決めてね。
3）個別の指導
・モッくんは、なん時ごろ来るかな。
・班であそぶかな？
4）かかわる人
・熊本にモッくんがしんだと、たのもう。だけど熊本も班であそぶだろうか？
人をうたがいたくない。みんなもうたがわれたくない。どうしたら㊥和な生活ができる？と投げかけた。班ごとに考えた。
〈班のあそび〉
1班、ブランコ
2班 すべり台でオニゴ
3班 ドッジボールなど
4班 学校ぶらり旅
◎モッくんはやってきた。でも、となりの先生に注意され、パニックになり、かくれた。さがしまくった。
◎熊本は、班でオニゴ。けれどもりあがりすぎてヘイをのりこえる。そこに生徒指どの先生が…そのあと、きげんがわるい。
今日は、トラブルデーだ！
同じことがあったら次は、どうするか？
①モッくん…モッくん係を。
②熊本…おこられる前にだれかが説明したらいい。
説明練習会をひらこう。

10月です。右の欄が実際のできごと、ノートに記録すると実践している気になるよ。

この日はいろいろありました。思い出したくない。だからトラブルデーです。

同じことがあったら、これが対策です。きっとまた起こります。でも、これで大丈夫。

実践ノートのいいところ。書いたら忘れます！

金曜日の帰りに書きます。来週は、どんな行事や提出物があったかな、とノートに曜日ごとに一覧にします。そのあとに、月曜から順に、前に示した4項目を書いていきます。はじめは、一日ごとに書いていましたが、月曜日からまとめて書くと、曜日ごとに徐々に力を入れ、水曜日や木曜日にピークを持っていけばいいなと、一週間のマネージメントができるようになりました。

一週間の計画をまとめて立てるということは、自分の力の入れ方や力を入れないことを決めることになり、気持ちの持って行き方がうまくなるよ。

さて、トラブルが起こり、気持ちが沈んだとします。そういう時は、放課後ノートにせっせと書きます。でも、反省するんじゃありません。事実を書いて、次に起こったらどうするか、対策をノートに書きます。こうやって整理し、次の対応をイメージすると、気持ちも落ち着きます。あとはノートをバタリと閉じてあずけます。これで忘れて大丈夫。ノートは、職員室に置いて帰りましょう。

8月

アリとキリギリス、自由になろう

たまには違う自分になってみませんか。

8月よ。いつまでも。

夏休みがやってきた。教師モードをスイッチし、自分モードに。

1週 ひさしぶりにおしゃべりざんまい。

夏休み、補習や個人面談も終わり、やっと自由の身に。だけど、そんな自分を縛り付けているものがある。それは、あなた自身。

思い切って自分を解放しよう。まずは、職員室でおしゃべりタイム。普段お話していない他の学年の人や同じ年頃の先生と話してみよう。同学年の人とは、ぜひ昼ごはんを一緒に食べに出よう。職員室でお弁当なんてやめてね。食べに出て、おしゃべりしよう。

学校に戻れば、教室を訪ね話しかける。仲良しに、

「あなたの不幸な話を聞かせてください」

というと、

「そんなに私の話が聞きたいの」

と、すぐに1時間が過ぎる。

アドバイスはいらない。ない方がいい。お互いのやるせない話をただ笑いながらしよう。

明日は、となりの学年の先生の席に座って、話しかけるとするか。背負っているものを軽くしよう。

2週 遠くへ。いつもと違う所に身を置こう。

子どもを叱っている自分にサヨナラして、ちがう自分になりたい。いや、本当の自分を取り戻したい。そういうことってありますよね。簡単なのは、遠くへ行くこと。ぼくのおすすめベスト5。

●第1位　北海道、南富良野

北海道は白い世界。本当に美しい。その北海道のまん中に位置する南富良野。

白樺の木立の中にログのホテルがある。ダムでできた金山湖のカヌーを漕いでいると、湖畔を走る電車の汽笛だけが聞こえる。ああ、なんておだやかな一日だろう。

ただときどき野良ギツネがやってくる。それだけの世界。

●第2位　竹富島

沖縄は青の世界。空の青さ、海のエメラルドグリーン、太陽に照らされる葉っぱが美しい。

飛行機と船を乗り継ぎ島へ。てくてくと歩いて海岸へ行こう。ゆらゆらと揺れる海を眺めていると、そこに夕日が沈む。ああ、なんて自分は小さいんだ、と感じる一瞬。悩むのは終わり。海に入ろう。

美しい光景が自分を照らし、変えてくれる。
お気に入りの場所をつくる。楽しまなきゃ。

●3位　金沢

緑の中、電車に乗って酒蔵へ。おじいさんの話を聞きながら紅茶を飲む。美味しい物に囲まれると力が蘇ってくる。

●4位　厳島神社

神社に行ってお参りをする。神社の森が自分をリフレッシュしてくれる気がします。今年もいいことがありますように。

●5位　立山

3千メートルの山に登ってみよう。苦しいよ。もう何も考えられない。この疲れと山々がすべてを忘れさせてくれる。

3週

いつまでも何もしないでおこう。

どこまでできるか。ぐうぐう、もぐもぐ。

なかなか気持ちを落ち着かせてゆっくり休めないもの。だけど、今週だけはリフレッシュしてみよう。

ぼくはせんべいが大好きです。のんびり寝て、お気に入りのポワロのドラマを見て、お腹がすくとバリバリ。そしてまた寝る。こうやって毎日を過ごそう。何日かすごすと、動きたくなる。

そうすると、アウトレットへ出かけたくなる。日本中のアウトレットを制覇するつもりです。いろいろ試着して少しだけ買う。途中、カフェでお茶して家に戻るとゴロリ。これだけを何日も続ける。すると不思議と

（なにかしなくていいのか）

と、自分が語りかけてくる。まだ、3日も経ってない。無視してドラマを見る。中途半端はやめよう。

満たされ、内側から動きたい、働きたいという気持ちが回復するのをじっと待つ。たまには、ぐうぐうしてみてね。

4週 気がむけば研究大会へ。

少しずつ身支度しよう。

◆研究会

いろいろな研究大会が2学期に向けてあるはず。教科や生活指導など関心のあるところを探して、のぞいてみよう。

休養と学びが人間には必要です。

◆でんわをかけよう

「元気にしていますか」ちょっと気になる子へ電話。すると、普段よりおだやかな声が返ってくる。こうやって自分の体と気持ちを慣らしていこう。

おすすめは2つ

ぼくは、はじめ算数の研究会に入りました。でも教室を飛び出す子がいたので、学級づくりが必要になりました。子どもの言動や行動をどう理解したらいいのか、関心をもちました。

今年はどの教科に力を入れるか決め、もうひとつは、学級づくりに力を。どちらも大切にしよう。

知っとく

自分をコントロールする。これが結構手ごわい！

意外と自分に辛くあたるのが自分。「あんな言い方はひどい」「相変わらす進歩していない」なんて密かにささやく。若い頃は寝れば忘れた。けれど年をとると、夜中に思い出し目が覚める。

そんな時、思いついた方法。それは、月曜日は子どもやまわりと話さない日にした。要するに月曜から頑張らない。だから子どももも刺激されない。比較的穏やかに過ごせる。金曜日は、安心して楽しい週末を過ごすために、ちょっとのことも大げさにほめる日。気持ちよく帰せる。

するとどうなる。1週間は3日。火曜から木曜に力を注げばいい。ちょっと気が楽になりませんか。気を張り続けて、5日過ごさなくていい。そう自分に言い聞かせコントロールしよう。あなたの癖を知り、一週間をマネージメントしよう。それができたら、実践はきっと変わってくるよ。

教えて！ 苦手な子どもにどうかかわればいいの？

夏休みが終わるとまたあの子に会うのか。どうしても気になり気持ちが沈む。そういうこともあります。

こういう子どもに関わるには、どうしたらいいのでしょう。

それは、関わらないことです。ええー？ 驚くでしょう。あなたが関わらないで、誰か子どもに頼むこと。休みの間にできませんか。

相手を知ることです。

何を知るかというと、育てられ方と家庭環境についてです。育てられ方を生育歴といいます。抱っこされ、ほめられてきたのか。多分そうじゃないと思います。だとしたらなぜか。

こういう情報をどれだけ集められるか、それが重要です。同僚や地域の人に、おしゃべりの合間に聞く必要がありそうです。

最後は、夏休みの家庭訪問や電話です。ぼくは苦手な人ほど声をかけたくなります。苦手なのは、その人を理解していないからだと考えているからです。

なので、短く話しかけてみる。その反応で相手との距離を縮め推理します。夏休みだと、気楽に話しかけられるでしょう。

ただ、しばしば地雷を踏みます。それもあることとして近づいていてください。

Ⅱ　夏から冬

9月

はじめからていねいに。本当のスタート

教えたじゃないか、と言いたくなる。でも、全て忘れて再出発。

9月をのりきる

新たなスタート。二学期は長い。今週力を入れることを明確に。自分にも相手にも。

1週
今週ちからを入れること
強化週間です！
2週
取り組みで班を意識
せめて4点にしよう
3週
疲れる授業をしよう
4週
5+3=8
芸術の秋 さあ写そう
5+3=8

1週 今週、力を入れること！ 月曜の朝に。

長い2学期を短くしたい。そこで、考えたのが「今週、力を入れること」だよ。月曜の朝に、子どもたちに、「今週は忘れ物ゼロ、強化週間です」と、呼びかけよう。

2学期が始まったばかりなので、気持ちが緩んでいるかもしれない。けれど一つにしぼることで、教師の気持ちも「まず忘れ物をへらそう」と、集中できます。大切なことは、ゼロを求めない。人とのかかわり、働きかけることに重点をおこう。だって、あたたかいクラスにしたいから。だけど、放りっぱなしでは、ちょっとね。一つずつていねいに、4月の初めに戻って教えるつもりで進めていこう。

達成できたことを集めて、達成コーナーをつくると充実感が子どもたちに広がるよ。わかりやすさの中にやさしさを感じる。今週は○○週間と、月曜の朝に呼びかけると、子どもも大人もわかりやすい。わかりやすいからがんばれます。

特別活動の時間に！
うーん　朝の会でもいいかもしれない。

月曜の朝、たとえばどんな話をするのでしょう。

●みなさん、新しい月、新しい週がスタートしました。先生も気持ちを新たに、新しい服を着てきました。もえています（服は赤い色）。今週、力を入れることは、忘れ物を減らすことです。

新しい週、忘れ物がありそうでしょう。忘れ物を減らす強化週間です。では、班ごとに今週どれくらい忘れ物しそうか、予想の数を出し合ってください。忘れ物は、教科書限定です。

2週めだと、どうなるのでしょうか。

●先週は忘れ物を取り上げました。だんだんいい感じになってきたよ。今週は、みんなの好きな計算ドリル提出強化週間です（計算ドリルと叫ぶでしょう）。計算ドリルの宿題を毎日してね。朝、班で何人の人がしてないか、学習係りが調べます。忘れたら、マイナス1点ですよ。マイナス点が5点を超えたら放課後残って作戦会議を開いてもらうからね（ええーと、また叫ぶ）。

2週 小さな取り組みで班を意識。

バラバラでは大変だ。ちいさなくくり、班を使おう。

先週は、忘れ物を減らそうと、個人で取り組みました。だいたい、誰がどれくらい忘れるか、実態はわかったはずです。そこで今週は、個人ではなく生活班で取り組みます。

「今週は計算ドリル提出強化週間です。1週間で何回提出を忘れる予定か、班ごとに言ってください」

と、マイナス方式で班目標を設定します。

「せめて、4点以内におさめような」

と十兵衛が反応しました。しめたものです。しかし、取り組み始めると、こんどはオーバーしそう、十兵衛があわてだし、

「おまえ、ちゃんとしてこい」

「十兵衛に言われたくねえ」と、班内で声かけが始まります。個人の取り組みは、できる人はいいのですが、できない子があきらめ、やる気をなくします。そこで班をつかい、関わる場面を意識してつくりましょう。子どもたちの働きかけって、意外な展開をつくります。

班をつかって関わりをつくる、いい言葉でしょう。

原案の書き方例

タイトル　　　提案者

1　提案理由

　今のクラスのいいところをまず書き、その後課題を書こう。学級全体を見る目を育てよう。

2　目　的

　仲良くしようではなく、前より良くなったよ、と励まし合って、○○しようと、具体的に。

3　仕　方

①期間や日時、場所。
②班とかチームをつくるとか。
③練習やリハーサルを入れよう。
④いつ誰が調べるか、結果などに対してどうするか。
⑤プログラムや係りもね。

取り組みには、班を使いましょう。どうしてかって？　それは声かけが起きるから。例えば、忘れ物の取り組みだと、教師は2つのことを考えよう。

　ひとつは忘れ物が減る。しかし、ゼロにしようとは思わない方がいい。ゼロにすることを考えすぎて対立が起こるから。

　もう一つは、取り組みながら声を掛け合い生活すること。働きかけ方、支え方を学ぶという姿勢。これが、クラスを暖かくしてくれる。そのために班を使おう。

宿題

班をつかって、宿題に取り組むって、どんなふうに、とりくむのかな。おしえてくださーい！

取り組みは、計算ドリルだけ、明快です。教室の後ろの表に今日の結果を書き込んでもらいます。

「3班、危なくないか」、指摘すると、「たしかに」と子どもたち。放課後作戦を立ててね、と言い働きかけを求めます。

ある班のできごとを見て、察知するのが子ども。「おれたちは、どうする？」と、必ず言い出します。

- **夜に班長が電話する**
- **放課後一緒にする**
- **帰りに声をかける**

班で話し合い工夫します。どれか、きっとでてくるよ。

取り組みが終わると、自分ががんばったことをカードに書いてもらいます。そのカードに班の人たちが順にメッセージを寄せます。

6人班なら5人の寄せ書きが。子どもは、友だちの言葉を読み、自己肯定感がアップ。

3週

本格的に音読をきたえる。疲れる授業を。

声を出してすっきり、はじめ、なか、終わりで声を出す。

◆授業のはじまり

授業が始まれば、教科書を開く。そこで、今日はここをするよと教師が音読。あとを子どもがついてくるやまびこ読み。

◆黒板の問題を3回

声を出すのは、音読だけじゃない。授業では必ず問題が出る。その問題を3回繰り返して意識づけよう。眠気が吹っ飛ぶ。

◆まとめで音読

授業の終わりに、まとめを一斉に立って読んでもらう。おぼえた人から座って、というと、もう読むしかない。

4週 芸術の秋、大事な文や図は写させる。

いつもぼくは自分に問いかけていました。どうしたら、静かな授業ができるんだろうと。答えは、授業の仕方をかえることです。ここでも陥りやすいのが、二つの授業パターンです。

ひとつは、教師中心の授業です。子どもの発言する場面がない、あっても一問一答。子どもの発言はわずかで、黒板には教師の字ばかり。もう一つは、ハイハイと子どもたちが手をあげる授業。賑やかで元気良さそうだけど、手をあげているのは一部の子。考える、発言するばかりでなく作業や操作活動、班学習を取り入れましょう。でも、それだけではありません。

今週は、大切な文や図を写させることを意識してみよう。これが、子どもたちを集中させ、力をつける。国語の物語なら、写すことで表現を真似られる。算数の重要な語句や解き方は、写して暗記することで教えられる。社会の地図や図表も写せば書けるようになる。芸術の秋、はじまりは写すことから。子どもたちって、写すことが意外と好きなんですよ。そして、予想以上に力をつけます。

知っとく

取り組みの目標は、3つのステップで飛躍する。

はじめは個人。次は班、そして学級へ。

学級の取り組みには、取り組み方ってものがある。でもね、それに気づくまでにどれだけ時間がかかったことか。今回は、子どもの自主性を伸ばし、燃える仕方を教えちゃうね。まず取り組む前に、現実を知っておかなければ。だから、現状を把握する。ここからスタート。今のうちのクラスは、これだけ忘れ物があるとか、一週間で本を借りる人は8人とかね。

この知るということは、教師にも欠かせないけれど、子どもたちにも必要です。ともに現実を把握し、もっといい方向へ向かおうと呼びかけたい。でも、なかなか変われないのが人間。そこで班をつかおう。誰かが声をかけ誘ってくれれば人は変わる。だけど、班だけで終わっていいのかな。学級へ目を広げたいね。そこで、学級目標が重要になる。またまた、この決め方がおもしろいよ。

◆現実から出発

読書の取り組みとしよう。一週間で何冊本を借りて読むことができるか、ひとりひとりに紙に書いてもらい、個人の目標をたして、班の目標をつくります。

あまり無理のない目標からスタートします。これならできそうでしょう。

◆班の目標を決める

まず「班の目標を決めよう」といいます。すると、順に聞いて合計します。ここまでは一緒です。それを合計して、学級の目標が誕生します。子どもたちは、初めて学級目標にであいます。きりのいい学級目標にして、と頼むと班の目標が修正されるよ。

◆クラス目標でスタート

大きなことがしたいなあ、こう呼びかけます。そして、「1ヶ月で何冊本が読めるか」と続けると、「5百冊」とか。そこで、あなたの班は、いくら引き受けてくれる、と分担方式です。学級の目標を意識し達成する。こういう大きなことって、やりたくない？

10月

少しずつ時間をかけて住みよいクラス

泣いて笑って大きくなる。ギアを入れかえよう。

10月をのりきる

授業も学級づくりも、もうひと工夫。

子どもとのおしゃべりに力を入れよう。

1週

学びの時、1日1回は発表しよう。

1日1回は発表しよう　**提案 班長+先生**

1 **提案理由**　クラスが少し・・・
2 **目標**　声かけあって発表しよう
3 **する日**　月曜から金曜まで5日
4 **仕方**　毎日2時間めの授業
5 **得点**　発表したら1点
6 **班の目標**

	1班	2班	3班	4班	5班
得点					

2学期が始まって1か月が過ぎました。ちょっと中だるみの時期です。なにより活気がほしい。そこで、発表の取り組みをすることに。一日の中で2時間目だけを調べる対象にします。子どもたちも、いつも発表するのは大変です。みんなが発表できる問いを準備するのも、楽ではありません。一日に一時間だけがんばる。これぐらいがいいですよ。

発表の取り組みは、学習に燃えるクラスにしたいからです。でも、それだけではありません。「手をあげよう！」「いい考えだよ」声をかけあい、はげますあたたかなクラスにしたいからです。そこで方法が重要です。原案を書き提案しよう。活動がクラスを変えます。

2週

学びの時第2弾、クラス目標。

子どもたちを広い世界へ誘い出そう。

先週の取り組みは、子どもたちの目標を合計し、班の目標を出しました。今週は、

「第2弾、班の目標をたてて、もっと発表しよう」と、呼びかけます。気楽な十兵衛が、

「いいねえ、うちの班は60回」

「えー、多くない？」

「ひとりが2回発表すればいいんで」

と言い出すと、追い風です。自分たちで班の目標を決めると、誰が何回引き受けるか、相談します。話し合いがはじまります。

人は人と関わり人間になります。支え励まし、楽しい人生を送りたいです。学校は、それを学ぶ場です。各班の目標を合計して、学級の目標を大きく掲示し、子どもたちの意識をそちらに向けましょう。

人を育てる

大切にしたいのは、働きかけ方。目標達成に目が奪われがちだけど、誰がどんな働きかけ方をしていたかよく見て、帰りの会で取り上げ、

「あの場面をもう一度やって」

と再現しよう。ポイントは目標達成ではなく、人です。

3週 授業の中に質問マン。討論が始まる！

見つめれば、きみの出番だよ。

発言が増え、授業がにぎやかになってきました。けれど、物足りない。子どもの発言が単発で、からみがない。やりとりがない。ぼくにはたくさんの失敗がある。発表が少ないと怒ったこと。仕事に燃えるを言い訳にして、どれだけ子どもを傷つけたかしれない。そこで、考えたのが質問マンです。

「いいかい、授業のどこかで、ぼくがきみを見つめる。そしたら、必ず手をあげて質問してくれないか。発言する言葉はこれだよ」

と、十兵衛に質問カードを渡します。誰かが手をあげる。ちらっと質問マンを見る。心の中で、十兵衛、出番だよとつぶやく。

「どうしてそう思ったんですか」

質問マンの言葉は質問ブームを引き起こす。やっと、本当の授業になってきたよ。

教えたい質問

☆どうしてそう思ったんですか。

☆わけを教えてください。

言われて傷つかない言葉

☆ゆっくり言ってください。

☆すみません。もう一度お願いします。

★こんな言葉が飛び交うと緊張がほぐれ楽しい。

■□■どんなスポーツ大会が人気ですか■□■

学びの秋、でも勉強ばかりでは疲れるもの。こんな時、人気はスポーツ大会。大人でいえばレクレーション。低学年や中学年は、ドッジやキックベースがおもしろい。高学年は、ソフトボールが人気です。思いっきりバットを振り回すとストレスが飛んでいく。だけど、ルールが当たり前では、スポーツの能力主義に陥りつまらない。

ローカルルールをつくりましょう。ソフトボールもキックベースもチームは6人。三角ベースぐらいが盛り上がります。その導入は、体育です。何回か体育で行ってから持ちかけると、乗ってきます。

◆◇◆準備期間こそ魅力◆◇◆

大会当日、勝てるかな、ハラハラしながら待つ期間。これが楽しい。そこで、練習が必要です。練習期間を高学年なら2週間ほど取ります。体育の時間を中心に3回ほど練習試合や練習の時間をあげます。この練習の中で、上手い人がルールやコツを教えてくれます。それを通して、関わりが生まれ、新たな出会いも生まれます。

どんな人と人生で出会うのか。出会いが変化をもたらします。目的にするのは、ここです。大切にしたいのは、準備期間です。さあ、11月まで練習に没頭しよう。

特別活動の時間に！
学級会を開いて話し合いをするときに どこを子どもに話し合わせるの？

クラスの様子や時期にあわせて！

子どもが希望したからといって、まるで放っておくわけではありません。話し合いで、どこを焦点にするか、あるいは、原案を読むと子どもたちの関心はここにくるだろうな、ここで意見が分かれるな、というところを予想します。

意見が分かれた時にどうするか、まとめ方を考えます。

やるかどうかでもめる

スポーツの種類でもめる

仕方でもめる

知っとく

○○大会の原案はホップ、ステップ、発展する。

発展過程は3段階。時期と学年にあわせよう。

はじめての原案

> 誕生日会をしよう
> 提案　先生
>
> ①わけ
>
> ②いつ
>
> ③プログラム
> 1　誕生日の人紹介
> 2　みんなで歌う
> 3　ゲーム大会3つ
> 4　係り　ゲーム係

6月頃の原案

> 誕生日会をしよう
> 提案　先生と班長会
>
> ①わけ
>
> ②いつ
>
> ③プログラム
>
> ④プログラム
> ・・・・
>
> ⑤ゲームを話し合って決めてください

話し合いには原案が必要です。それは、何をするのか、はっきりして話し合いに熱が入るからです。

基本形は、はじめての原案（上記）を見てください。最低限のことを明快に書き、見通しを示します。はじめての原案では、係りだけは募集して子どもたちが活躍できる場面をつくります。まず実行して「わあ、おもしろい」「みんなでするとたのしい」と思わせること。達成感が大切です。

6月頃の原案を見てください。時期はめどです。クラスの状況で変わります。この頃になると具体的な目標が登場します。ここでは、ゲームをまかせます。自分たちで

10月頃の班を入れる原案

誕生日会をしよう　　提案　班長会と先生

①**わけ**　最近クラスが騒々しくなって、困っています。誕生日会で楽しみ、学ぶときは学ぶ、けじめをつけましょう。

②**目標**　班の出し物を成功させよう。

③**いつ**　10月20日4限　リハ前日5限。

④**ポイント**　班からひとつ出し物をしてください。3分以内です。出し物は、運動会、授業、友だちから選んでね。

決めていいよ、まかせることで自主性と責任感を育てます。

さて、10月あたりになると原案はどうなるでしょう。詳しくなりました。特に取り組みをするわけに注目してください。課題をはっきりさせます。また班の出し物を意図的に加え、協働する場面をつくります。

初めての原案は、教師の提案です。6月あたりだと教師と班長さんで一緒に考えます。10月あたりだと、まず班長さんたちに考えてもらい、アドバイスをします。こうやって、原案をつくることを通して、学級のことを積極的に考える子どもに育てます。提案者を見れば学級をリードしているのはだれか、わかります。理想は、だれでも提案できる学級です。

11月

トラブルにめげるな。子どもも教師も似た者同士

1年の最大の山場がやってくる。トラブルをチャンスに変よう。

11月をのりきる

どうせなら、取り組みの中でトラブルをおこし、
みんなで話し合うチャンスにしよう。

1週
スポーツ大会で出会い直し
2週
だれが記憶王?
エッヘン
3週
グループで詩の朗読大会
YO
4週
敵味方にわかれ討論会
私たちが言いたいことは

1週 いよいよ大会。スポーツ大会で出会い直しを。

杏里が男子とこぜり合いを起こし、トラブルに発展しそうな予感がする。それを予測して、スポーツ大会を計画しました。その大会がやってきました。だけど少し振り返ろう。ポイントは原案にあるよ。子どもはすぐに勝負に目がいきます。だったら、部活をしている人は1点、男子は2点、女子5点、なんてすれば話し合いも盛り上がる。大会が終わると、

・**班でがんばっていた人は誰かな**

・**見直した人は誰ですか**

と、聞いてみよう。「杏里さんが意外とやさしかった」、発見が必ずある。それを出会い直しと呼ぶんだよ。まとめを重視すると居心地のいいクラスになるよ。

班対抗バスケ大会をしよう

提案　班長会

1　**提案理由**　いまクラスは･･･
2　**目的**　学習だけでなく、スポーツに取り組み励ましの声をかける。
3　**する日**　月曜の体育の時間。
4　**チーム**　生活班がチームです。
5　**得点**　バスケ部1点　男2点　女子5点
6　**試合時間と組み合わせ**
4分で、1チーム2回戦う。くじ。
7　**係り**　審判と得点係りを募集します。

2週 だれが記憶王。ゲーム感覚でおどろき。

授業で詩や文をおぼえさせて、集中力を鍛える。

たとえば、こんなことで競わせてみて！

国語で詩を学習したとしよう。

「10分のうちにどこまでおぼえられるか、記憶力を試してみよう」。

子どもたちには、こう呼びかけます。

たとえば一定の時間練習して、ひとりずつ順に読んでもらう。全員読んだところで、誰が一番長く読むことができたか、競わせてみよう。負けん気の強い杏里も、こんな競争には興味がある。プライドもある。

途中で練習タイムをもうけると、二度目の練習は本気モード。こうやって、集中力を高めてみてはどうでしょう。子どもは、おぼえ方もわかるし、人の姿に刺激を受けます。なにより、こういう授業は、楽しくて疲れます。

3週 グループで分担、詩の朗読大会で連帯感。

個性が出てバラエティに富むよう、班に合わせたアドバイスを。

◆スタンダードプラン

みんなで題名を読み、ひとりで読む、ふたりで読む、三人で読むなど人数をだんだん増やして最後をみんなで読んで盛り上げます。

◆コーラス型

「私と小鳥と鈴と」なら、「みんなちがってみんないい」と、後半からバックで繰り返してもらい、リズムをつくります。

詩の朗読大会は、楽しいです。群読よりも簡単です。

学習班や生活班を使います。金子みすゞさんの詩や谷川俊太郎さんの詩は特にオススメです。

教科書に載っている物語や説明文などのあるページを使うと、イメージが共有でき、学習のまとめで使っても楽しいです。

◆**音楽型**

リコーダーやピアニカなどの楽器をあるところで入れる。楽器担当も目立ちます。声の小さい人に担当してもらうのもいいですよ。

ちょっと寂しげな音楽が、余韻を残します。

◆**ラストに3秒ポーズ型**

最後にみんなで一発芸的なポーズをとってくれと、注文を出します。

個人でその場でポーズもよし、みんなが集まるだけでも仲良く見える。

踊れば最高です。体も解放してあげよう。

どんな工夫をしたらいいのですか。

いい質問です。

・ひとりで読むところ
・複数で読むところ
・みんなで読むところ
をつくります。次に、
・強調するところは、繰り返す
・バックでキーワードをコーラスする
・最後は、みんなでポーズをとる

ここまでできれば、大盛り上がりです。保護者会で披露しましょう。

4週

トラブルを敵味方に分かれて、徹底討論。

守ってくれる人をつくれば、なんとかなる。

何事も二つの考え方がある

今週あたりが最大の山場。男子が練習をサボり女子が怒りました。はじめは班で話し合い解決しました。ところが、帰りの会で再び杏里が「十兵衛がふざけて困る」と言い出しました。自分の価値観にとらわれ相手を理解しようとしません。どうしたものか。2回目なので、全体で話し合うことにした。言いたいことを全部言ってごらん、杏里たちに言いました。そして、どう思う？　まわりにも返しました。

ここで、十兵衛の友だちが手を挙げ、「そっちも言い方がひどいやないか」「女子もふざけている」と二人、三人と守る意見が続きます。批判されることも必要。でも守ってくれる人を用意しましょう。そして、十兵衛と杏里に「どんなことなら約束できますか」と振り、自分で決めてもらいます。

子どもは、つまずき対立しながら成長します。こういう形で自己決定をつくろう。

知っとく
トラブル対応法、うまく乗り切れば信頼度アップ。

居心地バツグン、今どきのクラスだけど、トラブルゼロなんて考えられない。

臨時の特別活動でトラブルをエピソードに。

学校でおかしを食べた

　放課後、家に行くからね。「自分から親に話しておこう」と、言います。家庭訪問では、自分から話したことをほめます。そして、もう一度子どもに「自分の言葉で話してみよう」と、確認します。

　トラブルは子どもの言葉で話させ、確かめることが大切です。それが、一番親が納得し、その場で終れます。

ケンカして怒って動かない

　まず見張りの役を募集して、見守ってもらいます。二人いると、一人は移動した時、後を付いていく。もうひとりは知らせに来る。役割分担をします。

　すぐに解決しようとするともめ事が大きくなります。「彼は自分の中で戦っているんだよ」、まわりに説明します。2時間後、落ち着いたらじっくり対話します。

筆箱がなくなった

ものがかくされるのは、最も嫌な出来事です。昼休み、筆箱がなくなりました。どうしよう。子どもたちを疑い調べても、反感を買います。でも、探さないわけにはいきません。

私は、「探すのを協力してくれませんか」と呼びかけ1時間、クラスのみんなと手分けして探しました。でも、出てきません。

次の時間は、「大切な授業をこれ以上減らせません。それで、筆箱の捜索を希望する人で行います」と、任意にしました。

しかし、出てきません。私の筆箱を、持って帰ってもらうことにしました。

では、想像してみましょう。家に帰って彼が、筆箱を取り出す。それを見たお母さんが、

「あれ、筆箱が違うやん」

と、言い出す。すると子どもが、

「なくなった。みんなで探してくれたけど出てこん。それで先生が筆箱を貸してくれた」

お母さんは、それを聞いて、手紙を書いてくれました。

《筆箱がなくなったと聞いて、うちの子のことを心配しました。でも、先生から、筆箱をお借りして、大事にされているんだと安心しました》。

みなさん、トラブルを解決するとは、いい出来事を生み出すことです。筆箱はその後、出てきました。

いやなできごとをエピソードに！

教室には、いろいろなドラマが点在している。
いやなできごとも、友情を感じるできごとに。
まわりの子もこの詩を読んで「うらやましい」！

さらに、このできごとを詩に書いてもらいました。

いつまでもぼくの友だち

山本　十兵衛

康太郎
きみは本当に　ぼくの親友だよ
この間　ふで箱がまいごになったとき
さいごまでいっしょに探してくれた

あの時　ぼくは　うれしかったんだ
実はあの時　ぼくは悲しかった
だって　ふで箱がどっかにいったんだよ
だけど　ふで箱が自分で歩くわけないよ
おかしいだろ

その時　康太郎は
「まちがったんなら、
もうそろそろ見つかってもいいやろ」
心配してくれた

そうだよなぁ
かくされるってことは　あるよな
ぼくも心の中でチラッと思ったんだ
ぼくの言えないこと
ズバリ言ってくれた
おかげで、ぼくは楽になった

ふで箱は出てきた
五年生が　まちがえていた
康太郎　本当にありがとう
いつまでも　ぼくの友だちでいてね

この詩に子どもたちからメッセージを！

今日の宿題は、この詩に手紙を書くこと、なんていうと、いろいろなメッセージが届きます。事件がいい話にかわっていくよ。

12月

自分たちでつくる大好きな行事

クリスマスの音楽に心が躍る。けれどクラスは揺れているかも。

12月をのりきる

冬休みはすぐそこに。何があっても
自分を励まし、深刻にならないこと。

1週
当事者意識
2週
わたしは誰でしょう
?
3週
クリスマスの飾り&ソング
4週
ほめてまとめる比較は4月
あの頃と同じ人とは思えない

1週 当事者意識、学級のイベントを任せてみる。

クリスマスの音楽が聞こえる。子どもたちもどこかウキウキする季節。あなたには、まだエネルギーが残っているでしょうか。いえね、残っていなくてもいいんですよ。この時期、子どもたちは必ず「クリスマス会がしたい」と言い出します。呼び方がクリスマス会で、さしさわりがあれば、

「二学期終わりの会ならいいよ。だけど、どんな会にするのか、原案は、だれが考えるのかな」

こういう言い方で返します。十兵衛は、

「おれたちでやる?」

戸惑いながらもうれしそうです。

先生に言えば実現するのではなく、自分たちでプログラムを考え実行する、これが、当事者意識を育て積極的に活動する子どもを育てます。

特別活動の時間に！
学級会、話し合い活動を進めるときに。

●12月なので、調理実習を入れました。ケーキを班でつくる。そこに質問が集まるはず。質問を予想し、答え方の練習をして、学級会にのぞもう。盛り上がります。

●ここの特徴は、班の出し物。班で話し合い、取り組むことを常に意識しよう。みんなに出番が来る。中には、自由を主張する子がいるのでその時は両方させよう。

2学期おわりの会をしよう

提案者　十兵衛と上村

1 目的

長い二学期が終わりました。みんなでそれを祝い、楽しもうね。

2 仕方

班ごとにケーキを作り二学期をテーマに3分間の出し物をする。

3 テーマ

①運動会のダンス
②ごんぎつね
③先生のモノマネ
④クラスのいい場面
⑤リコーダーで一曲
⑥自由にどうぞ

※好きなのを班ごとに選んでね。

2週

わたしは誰でしょう。がんばりクイズ。

特別活動の時間を使い、二学期のがんばりをクイズに。

冬休みまであと2週間。子どもたちの頑張りや成長を認める時間がほしいもの。そんな時に特別活動の時間を使って、二学期がんばったことを子どもたちに書いてもらいます。たとえば、

1　二学期学習でがんばったことは・・・・です。
2　生活面では、・・・・なことを努力しました。
3　新しくできた友だちは・・・・さんです。
4　うーん、親友とよべる友だちは・・・・さんです。

●さて、ぼくはだれでしょう

こうやって、先生が代わりに読み上げ、クイズ形式で進めます。読みあげると歓声があがるよ。

友だちから認められてこそ、本当にうれしいもの。その時、自己肯定感が育ちます。ぼくのカードはいつ出るのかな。ドキドキしながら待つ時間、それはプレゼントよりいいかもね。

3週

12月の飾り&ソング。

教室はお店、楽しさを演出しよう。

◆飾り係り

季節がらクリスマスの飾りを中心に折り紙やカラー画用紙でつくります。できた飾りを後ろの壁に貼ると、もう教室はクリスマス。楽しいことがあるとがんばれます。

◆ツリーを募集

「よかったら、クリスマスツリーを持ってきて」子どもたちに呼びかけました。すると教室に21個のツリーが。延長コードでツリーが点灯。

クリスマスソングでお迎え

朝学校にちょっと早くやってきて、CDを流します。もちろん時期的にクリスマスソング。やってくる子どもたちがその曲につられて、気分も前向き。子どもたちの感情に季節感を。そして、いろいろなことは忘れて前を向いていこう、音楽が呼びかけます。

4週 ほめてまとめる。比較は4月。

過去と比べてこそ、子どもの成長は認められる。

二つのものさし

いよいよ最後の週がやってきました。

「子どもをほめて、いい気持ちにして帰そうね。」

「なんで？」

「だって、子どもがいい気分で帰ったら、ぼくも安心して冬休みが過ごせるよ」

だけど、どうやってほめたらいいのでしょう。

確かに。

そこで、見方を変えてみませんか。教師が善悪や競争にとらわれすぎていると、おかしな子どもがどんなにがんばっていても、「まだまだ」と映ってしまいます。

そんな時、4月と比べてみましょう。

「あのころの十兵衛と今の十兵衛、同じ人とは思えない」。過去と比べれば、どんな子どもも認められる。認められてこそ、もうひとがんばりできる。そんなことって、ありませんか。

知っとく

学級行事、話し合い活動の前に3つの指導。

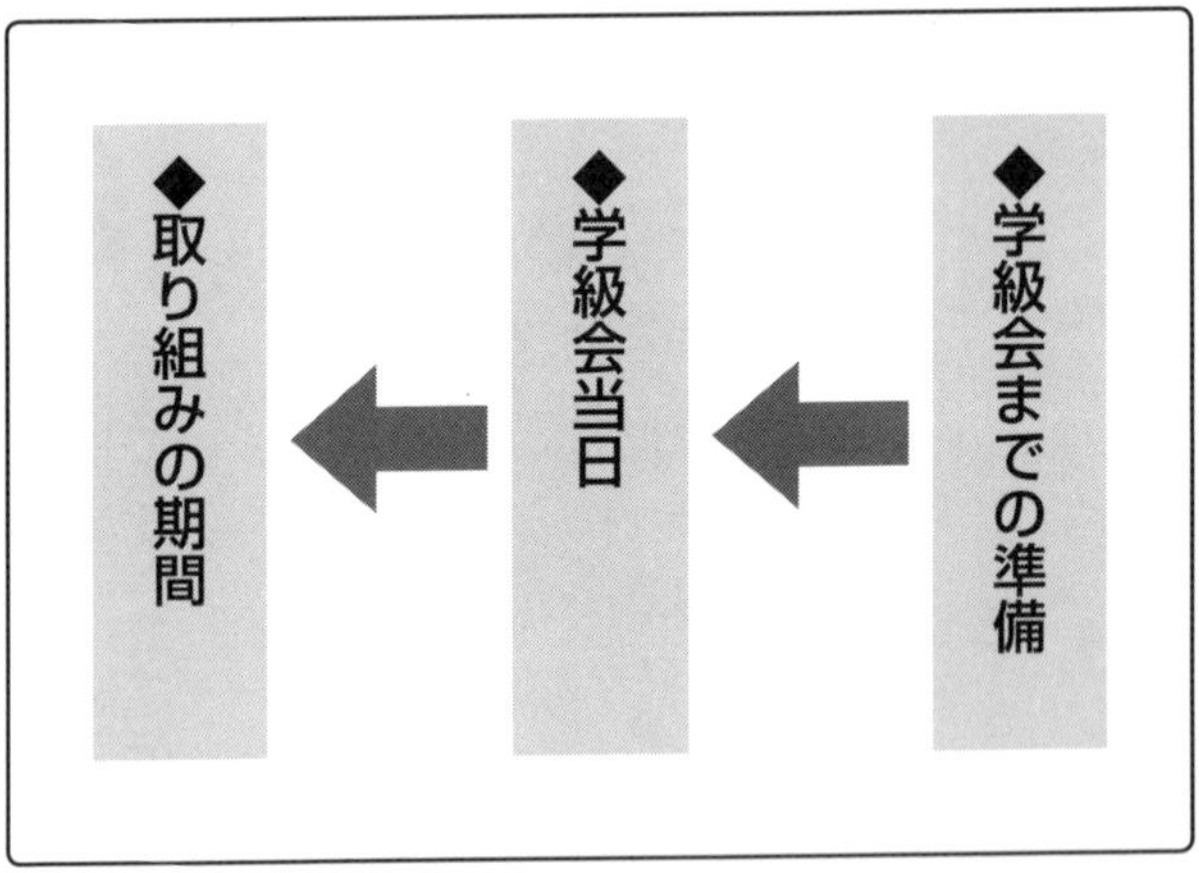

学級会のまえとあとに

特別活動の大変さや楽しさは、なんといっても学級会。

学級会は、学級会までの準備、学級会当日。そして、そのあとの取り組みやイベントまでの期間。この3つで成り立っています。学級会までの間に、原案を作ります。原案がより具体的なほど、話し合いは明快になります。案ができると張り出し予告します。子どもたちは質問や意見を考えるでしょう。

たとえ、学級会で決まったとしても、トラブルは起こります。こんどは班や関係者で話し合います。これが、普通の形です。学級会の後にもう一度話し合いが。そう思っていましょう。

教えて！　学級会までにどんな準備がいるのですか。

言い出した人・発議

はじめは、言い出した人に責任をもってもらいます。

言い出すことを発議といいます。言い出さなくても、口に話していて思いつき、口にする子はいます。ぼくはすぐに「それいいね」と誘いかけます。誘いかけるということが、実は指導なのです。指導とは、その気にさせることです。

原案を書く力

言い出した人に、「同じように考えている人はいるの」と返します。人を組織することを教えたいからです。あと2人連れてきてと、働きかけます。そこで、教師も一緒になって原案をつくります。はじめは、簡単な原案です。

でも、慣れてくると詳しくなります。原案は人生設計と同じです。

討論をつくる工夫

原案を子どもだけで書けるようになれば立派です。次は、意見が分かれる、質問が飛び交う準備です。この準備は、学級会の前日あたりに提案者でない人たちに「明日、何か質問して」「提案どおりでいいの」ささやけば、何かが起こります。意見が分かれた時、整理するのが教師の仕事。

学級会は、始まる前の準備が重要ってことです。

Ⅲ 春へ

1月

新しい年、花が咲く準備

気持ちを、少しずつ次の学年へ。

1月をのりきる

気持ちの回転を未来へ。

いたるところで来年度へ気持ちを向けよう。

1週
体育館で書き初め大会
2週
実現したいことを出してみよう
アンケートBOX
3週
百人一首で親子大会
4週
リコーダーを流行させよう

1週 体育館で書き初め大会。

学年で相談していました。新しい年には、学年全員で書き初め大会をしようと。同じ学年の若い先生の希望でした。それで、体育館で新年らしい音楽をかけて実施しようと思いました。

でも、ここで待ったです。このまま、教師主導ではおもしろくありません。学年集会で、若い教師が呼びかけ、それぞれのクラスから実行委員を２人ずつ出してもらいます。そして、どんなふうに書き初めを行うか、教師も入って話し合いました。子どもと教師の合同実行委員会です。

本番では、ステージでオープニングの琴が演奏されました。実行委員会で話が出て、地域の方に出演していただきました。正月の音楽を聞きながら、新しい年に期待を込め、文字を書く。気持ちが乗ってきました。

2週 実現したいことは全て出してみよう。

子どもが主催者、実行委員会をつくる。

なんとなく、ゆったりと最初の週を過ごしました。次の週は、同じように穏やかに過ぎていくでしょうか。残りの日にちを意識するのは、子どもも同じです。「いろいろなことをやって、いい思い出を作りたいなあ」、子どもというのは、思い出を作りたがります。そこで、「あと3ヶ月でやりたいことをみんなに書いてもらい、毎月ひとつ実行しようか」と、ぼくが言いました。

委員長さんたちが、学級会で提案し、アンケートを集計しました。その結果を学級会で発表し、どれかを担当し、実行委員になってもらいます。

「実現するのは、きみたちです」と、言いたいわけです。自主性を育てたいですね。

◆こういう時、子どもたちが希望するのは、なんでしょうか。学年があがるにつれて、スポーツ大会かな。◆実行委員さんは、プログラムやルールなど細かな案を再度提案します。そして、審判や準備など係りを彼らで分担し、当日の運営を担当します。まるで、主催者です。

3週 百人一首大会&親子対抗戦！

きっと子どもたちが勝つよ。

新しい年、季節感のあるイベントが続きます。百人一首大会です。3年生以上なら、ぜひ取り組みたい。先週から授業の時間を使い、スタートしました。

この音楽が流れている間は、驚くほど静か。緊張感があります。生活班を二つに分けてチームをつくるか、学習班4人組を二つに分けて対戦します。

「次の時間もさせてください」

子どもたちからお願いされるよ。

時には、隣のクラスに練習試合を申し込もう。負けた方が、もっと熱が入る。その勢いを授業参観日に。親子対抗の百人一首大会です。

これは学年行事にして体育館で行っても楽しいよ。間違いなく練習している子どもチームが親チームに勝つでしょう。

◆学年通信で親子対抗百人一首大会を知らせると、普段よりたくさんの人がやってきます。

「子どもなんて、弱いだろう」

たかをくくっているよ。歯が立たないほど子どもの記憶力はすごい。ただ、なかに全部おぼえている親がいたりして、その人の速さに歓声が。いいなあ、こういう驚き。

■□■冬の休み時間をどうしますか■□■

1月といえば、寒くて子どもたちが外に出たがらない季節です。そんな時、どんな遊びをはやらせますか。休み時間というのは、気分を変え、リフレッシュするためのもの。何もしないと、気分も変わらない。疲れも癒えません。

そこで百人一首のブームをつくりました。でも、それもそろそろ終わり。そこで、リコーダーはどうでしょう。2重奏や3重奏の楽譜を買って、子どもたちの知っている曲を演奏しようと誘います。

◆◇◆どうやってブームをつくるのか◆◇◆

ブームをつくるやり方って、大まかに2つ。ひとつは公的な時間を使う。公的な時間って、授業のことだよ。音楽の授業の時に、人気のアーティストの楽譜を持ってきて二人組で吹いてみようと呼びかけます。2重奏だよ。

もう一つは、休み時間。リコーダーの好きそうな子のそばに座り、ぼくがリコーダーをとりだし、一緒に吹こうよと誘う。そばにいる仲良しが、私もと言って、静かなブームが始まるよ。

特別活動の時間に！

班ごとにリコーダーの発表会をしよう
なんていうと、教室はステージに。

楽しい活動をたくさんしよう

学校を楽しくしたい。クラスを仲良くしたいと願います。でも、なにか活動がなければ、子どもと子どもをつなぐことができません。

あなたの得意な活動ってなんですか。先生が楽しくやっていると、子どもたちは近づいてきます。クラスにそれが流行ります。ぼくは、将棋です。お芝居も好きです。

活動について話し合う

活動する

ふりかえる

2月

作品で子どもを満たす、自分を満たす

春はそこまでやってきている。作品で花を咲かそう。

2月をのりきる

モノが語る。ぼくはしゃべらない。

作品をつくってたのしもう。

1週
詩や俳句で一年を表現する
2週
詩や俳句を絵手紙に
3週
作品発表会でほんのり満足
4週
オリジナルの詩集をつくろう
ニャンコ
クローバー

1週 詩や俳句で一年を表現する。

2月になると、気持ちはもう春。来年度のことを子どもたちも考え始めます。そういう意味では、これまでのようなうちに向く気持ちではなく、外へ外へと気持ちが向いていきます。そんな時に、1年を自分の言葉で振り返ろうと、呼びかけます。国語や総合、特別活動の時間を使います。振り返り、自分の言葉にする。そのために、詩を書いてもらいます。

「ぼくは何を書いたらいいんでしょうか。書くようないいできごとがあったかな」

フックンがぼやきます。

子どもは、運動会で1位になるとか、テストで百点を取るようなことを考えています。そこで、リレーでこけた時にいい話が生まれなかったか、とか、テストがわからなかったときのことを素直に書こうよ、と説明します。

特別活動の時間に！

子どもたちは、どんな詩を書いたでしょう。
小さな詩人、子どもの表現はおもしろいよ。

クロちゃんノート

4年

クロちゃんノートが
できたよ
宿題を忘れないように
クロちゃんノートが
できた

だから
ぼくは　宿題を
忘れないようになったよ

☆クロちゃんはよく宿題を忘れたのでノートをつくり、そこに今日の宿題を書いてあげました。時には放課後、一緒に宿題をして帰りました。

ぼくはみんなの役に立った

5年

今日はリレー大会
一時になった
ぼくは外に出た
ラインカーが出ていた
ラッキー
ラインカーを持ち、線を引いた
コーンを置いた
もうすぐリレー大会
先生が来た
ほめられた　うれしかった
ぼくはみんなの役に立った

☆彼はクラス一のわんぱく。でも、力自慢でよく動きました。

2週 詩や俳句を絵手紙に。

居心地のいい、いまふうの教室。

国語の学習で2月あたりに詩や俳句が出てきます。一年のまとめとして文集をつくる人も多いでしょう。私は、詩集をつくります。今週は、先週に子どもたちが書いた詩や俳句を絵手紙にして、教室の後ろに掲示しようと考えました。

するとね、作品が語りかけてくるんだよ。

「いろいろあったけど、きみはえらかったよ。確かに成長した」

そういう満ち足りた空間をつくりたいと思います。割り箸をペンにして季節の野菜を描き、色を薄く塗るとうまく見えます。

1 割り箸ペンを作る

2 季節の野菜を描く

3 淡くはみ出してぬる

こんな作品ができました！

割り箸ペンだと、字がうまい、へたではない。
味がある字が、すばらしい字です。

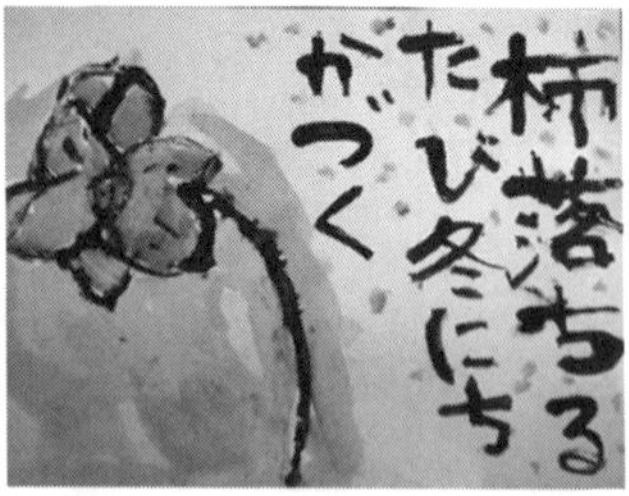

えびフライがすきだ。だからしっぽまで食べると書いています。

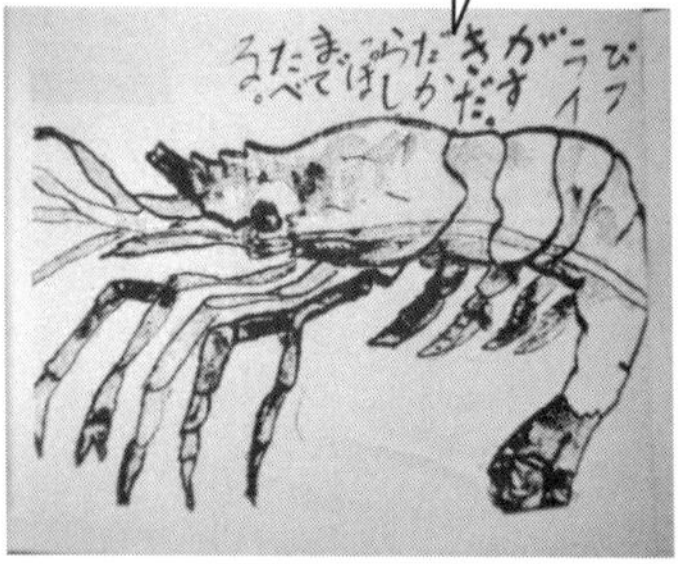

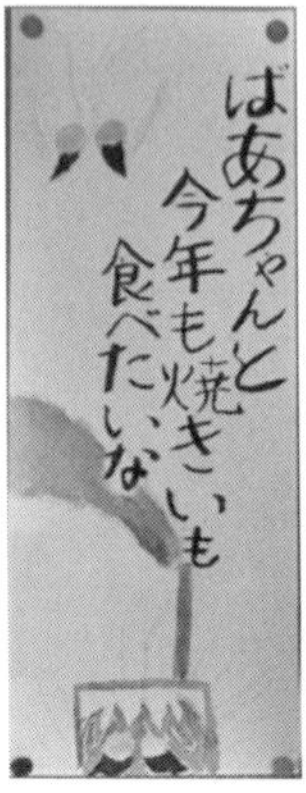

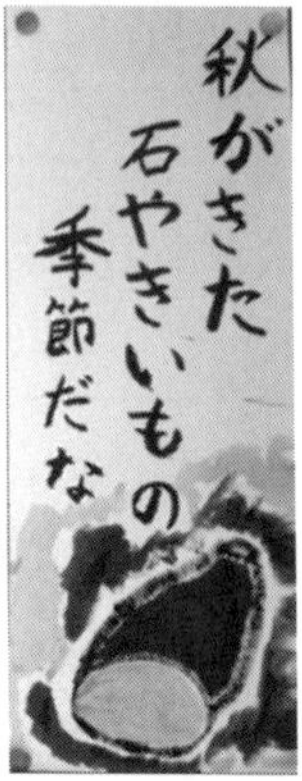

3週 作品発表会で、ほんのり満足。

楽しいこと探しに終わりはありません。

◆班ごとに発表会

絵手紙の作品ができたら、発表会。まずは班ごとに小さな発表会です。発表の仕方は事前に紙を配って準備させておこう。

◆みんなの前で発表会

ひとりずつ、教室の前に出てきて発表会。子どもには、緊張感が漂います。先生が必ずひとことほめてくださいね。

参観日にあわせて、発表会

授業参観に合わせて、子どもたちの作品の発表会をすると、おうちの人たちは、たくさん参観にやってきますよ。ときどき、隣のクラスの人も混ざっています。なおさら、子どもの発表に、愉快なコメントをして盛り上げよう。

4週 オリジナルの文集や詩集をつくろう。
しずかな充実のひととき。だれもが夢中になる。

学年の最後を文集や詩集をつくり飾りたいと思います。特に、教師になりたての頃は、文集をつくることが夢でした。どちらかというと、ぼくのために文集にまとめていた気さえします。

ところが、あるとき、作文を書くのが面倒だというフックンに出会いました。フックンの落書き帳を見ると、一見投げやりな言葉に思えた文をつないでいくと、詩になっていたのです。

これは才能があるんじゃないか、「このノートに書いてごらん」、というと、「おれ、いま詩がうかんできた」

と、書き始めました。他の子どもたちも影響を受け、

「私にもノートをください」

最後に、詩集をつくることにしました。自分の詩は、パソコンをつかい自分で活字にする。充実のひとときでした。

子どもの言葉で一年のまとめを綴る。それを読み合い、「よくがんばったな」と、拍手をおくりたいですね。

表紙は、ぼくが担当します。こういうのは大好きです。詩集のタイトルは、学級通信の題名です。通信のタイトルも子どもに提案します。

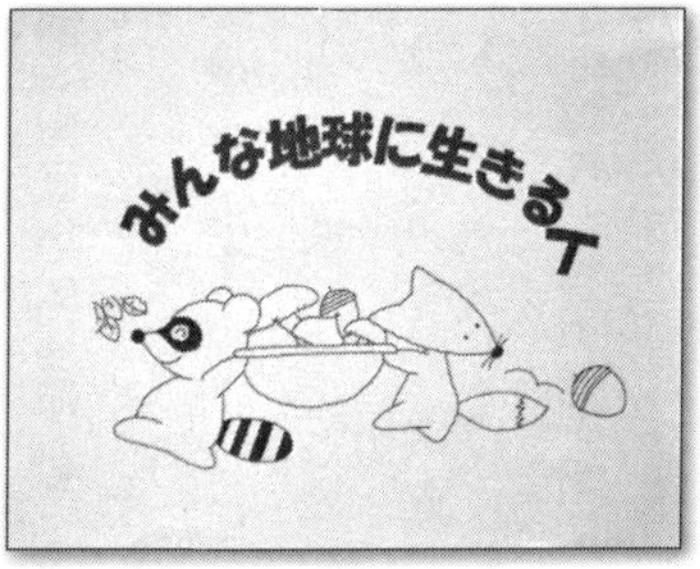

いちどは、味わいたい作家の気分！

詩集や文集をつくれば、きみはもう作家。
ラストページには、友だちからのメッセージ。

知っとく ポジティブな詩の書かせ方。

子どもたちに詩を、どうやって書かせるんですか。

確かに、よく質問されます。でも、きっと思ったより簡単です。まず、モデルになる詩をなん回も声に出して読んでもらいます。

次は子どもが書いた詩を読んで、どんな人か、推理してみようと呼びかけます。もりあがったところで「替え詩を書こう」と誘いかけます。真似っこして、もとの詩を書き換えます。ちょっとした言葉遊びで、誰でも遊び気分で書いてみようかな、そんな気にしていきます。

替え詩ばかりでなく、たとえば「沖縄をテーマにしよう」とか、「放課後」のようなテーマを2つほど提示し、生活が見えるようにします。そして、最後に自由コースを必ず加えます。テーマが沖縄だったら、沖縄を言葉で表現するために、沖縄の美しさやいいところなどを、自分の言葉で言いかえ、表現してもらいます。一見羅列になるのですが、できあがると雰囲気が漂います。自由コースは、自分の生活など好きなことを自由に書いてもらいます。どのコースも、これまで出会った子の詩をたっぷり聞かせておいて、スタートします。

気持ちが自由な子が楽しい詩を書いてくれます。

替え詩

ぼくと昼寝と塾と

5年

ぼくは帰ると昼寝をする
だけど
塾がある日は
昼寝なんて　するひまがない
昼寝のほうが好き
だけど
昼寝は塾のように
いろんなことは学べない
だからといって塾は
昼寝のように
からだは休められない

塾と昼寝とそれからぼく
みんなちがって
みんないい

替え詩

わたしと平和集会とおなか

6年

わたしは　平和集会で
おなかがすいていた
ときどき　おなかがなる
はずかしい
ぐっと
おなかをおしてこらえる
でも　なる
どうしよう
あと少しでチャイムがなる
ぐっとこらえて待っていた
「ぐー」
おなかも悲鳴を上げていた
戦争中の人も
こんな感じだったのかな

テーマ

大好きなもの

6年

太陽に照らされたきれいな海
わたしが一番好きな場所
おきなわの海は
すきとおっていて　青い

太陽に照らされたきれいな空
わたしが一番好きな空
空は　真っ青で
いろんな形の雲がある

太陽に照らされた
きれいなタコライス
おきなわがつくった美味しい食べ物
わたしが一番好きな沖縄料理

テーマ

ウチナーの空

6年

夕立の空を見上げると
アメリカの飛行機がとんでいた
雨をはじきとばすように
大きな音を立てて

晴れの日の空を見上げると
アメリカの飛行機がとんでいた
空に一筋の飛行機雲
平和をさえぎるように
戦いの音を立てて

ウチナーの空を見上げると
真っ青な空に大きな太陽
あたり前のこの風景が
いつまでも長くつづくように

自由

くわがた

2年

きょう　学校へ行くとちゅう
なかにわをとおったら
クワガタが落ちていました
ひろったら　あばれだしました
ポケットの中に入れたらとまりました
教室にいって　みんなに見せて
虫かごに　いれました
みんなで
コンチュウゼリーをあげました
ツノでさして　食べていました
よる　雨がふりました
クワガタが
土の中にかくれていました
ぼくも　つくえの下にかくれました

自由

雨の日

5年

きのう
かあさんと帰った
しあわせだった
ぼくは
うさぎ小屋に
いそいでいった
かあさんは　車で待っていた
帰りに薬を買ってもらった
しあわせだった
ぼくは
かあさんといるときが
一番しあわせだ

3月

さわやかな風、気持ちのよい別れ

相手がよろこぶことを考えよう。

3月をのりきる。

無理をしないほうがいい。

そのほうが相手が別れを惜しんでくれる。

1週 最後の力、子どもの成長を手紙や通信で紹介。

いよいよ最後の月がやってきました。よくここまで持ちこたえ、踏ん張ったと思います。でも、もうひとがんばり。といっても、たいしたことではありません。

学級通信で子どもたちの成長を知らせようというのです。知らせ方も、できれば子どもたちが自分を見つめ、自分で書いた作文を載せる。あるいは、子どもたちがクラスの良くなったところや友だちのことを認めている作文などが、最も説得力がありますよ。

また、おうちの方へ個別に子どものがんばりをお知らせするために、連絡帳に書いて知らせる方法もいいかも。ぼくは3月になると、順に連絡帳に、その子の4月からの変化や伸びを書き、おうちの人に知らせるようにしています。子どもの成長をともに喜びたいからです。気持ちの良い別れの準備、できていますか。

こんな書き方です！
なるほど、こう書けば贅沢気分。

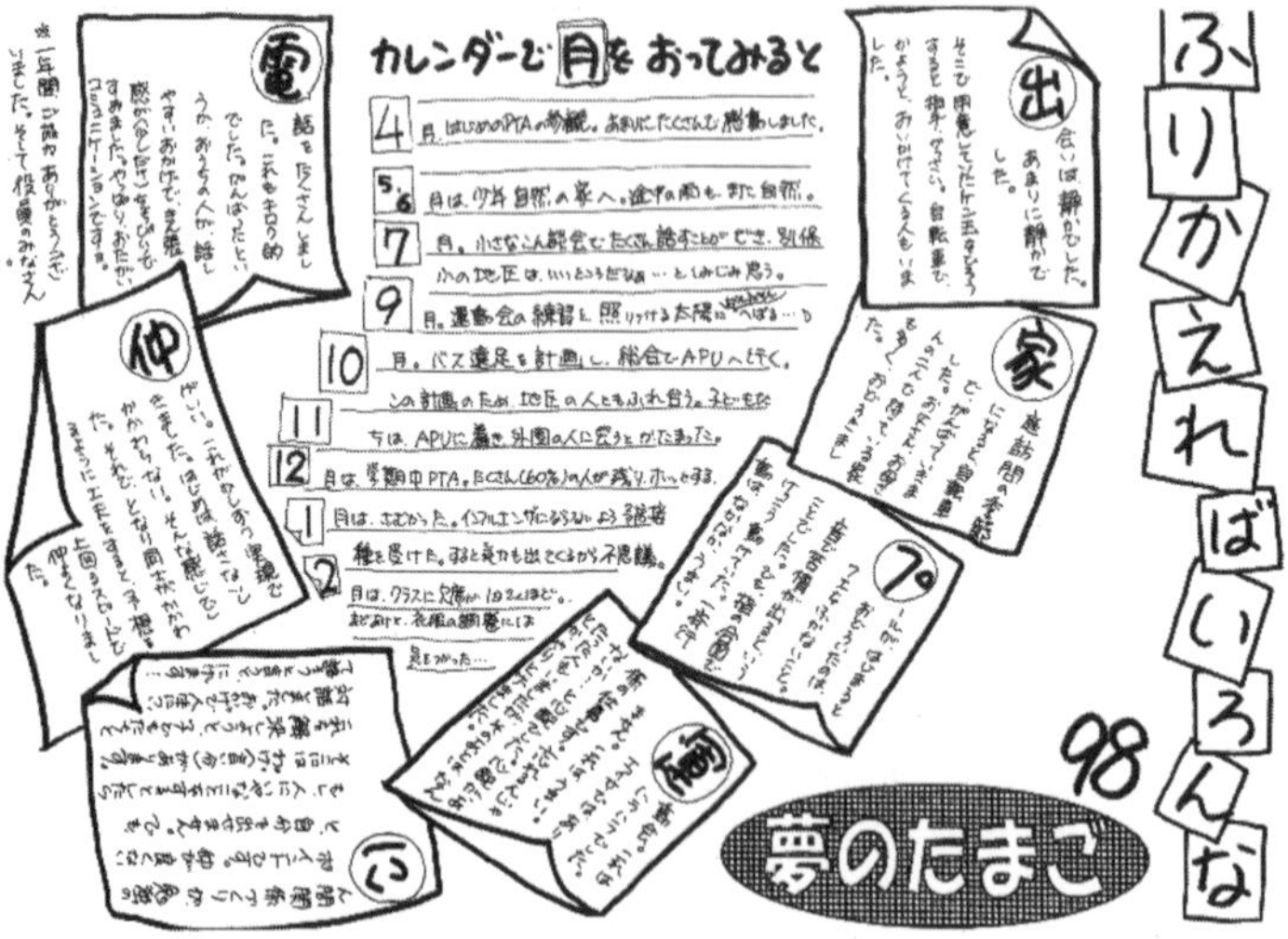

◆連絡帳にはこんなふうに

十兵衛が、卒業式の実行委員に立候補してきて、驚きました。司会やあいさつの仕方を練習して、少しずつ落ち着いてきたようです。それで、まわりの先生方にも「だいぶうまくなった」と、今日の練習でほめられていました。あまりに嬉しそうだったので、お知らせします。家でも、ほめてくださいね。

2週 無理しない、のんびりドリル。
ここまで来たらあとは余韻です。

この頃になると、教科書は全て終わっています。ええっ！ 終わっていない。それは大変だ。だけど大丈夫。ぼくにも、そんなことはよくあった。きっと、なんとかなるよ。沖縄の言葉で、なんくるないさーと言います。

話を戻そう。あと2週間です。復習の時です。張り切って、授業をするよりも、のんびりとドリル的な学習に力を入れましょう。どうしてかって？ 子どもたちも、自分のペースで学習をしたいと思っているんです。学校の授業っていうのは、学び合いとか言いながらも、人と一緒に行動し、生活することがいっぱいです。気を使いストレスも溜まります。

だからここは、みんなで一斉に学習する時間を短くし、あとは自分のペースで復習し、わからないところがあったら、隣の人や先生に質問するくらいにしましょう。おだやかな時間が、おだやかな人を育てます。

3週　アンケート、思い出ベスト5で笑おう。

◆思い出のイベント

子どもたちのアンケートを集計して、ワイドショー的に発表しよう。わけも必ず、読み上げてね。

◆アンコール授業

子どもたちがもう一度受けたい授業とは、どの授業でしょうか。教師の思い出と一致しているかな。

◆伸び率ナンバー1

きみが伸び率第1位だって。おめでとう。というと、おれってそんなに悪かった？　なんて会話になるかも。

特別活動の時間に！ 子どもたちにアンケートを書いてもらおう。

アンケートの内容は、こんな感じです。

●一年間の思い出ベスト３を書いてください。わけも書いてくださいね。

○あなたのがんばり、伸びたところを教えてください。

●一年間でいい方に変わったなあって人を３人、書いてください。

○アンコール授業といったら、どの授業になりますか。

じわっと伝わる書き言葉

毎日、朝の会でひとつずつ、発表しよう

朝の会で発表すると、子どもたちの視線は、くぎづけだよ。話がおもしろいからじゃない。関心があるんだね。お互いの顔を見ながら、ともに笑い、手をたたいて喜ぶ。こんな時に、別れるのはもったいないかも、そう感じたらいい１年間だよ。アンコール授業は、さいごの日に。日課表は、子どもたちと相談してつくる。なんだかワクワクしてこない？

知っとく

友だちメッセージを班ごとに贈ろう。

詩集をつくりました。ラストページには、班の友だちと一緒に写った子どもの写真を貼りました。きのうの放課後せっせとつくりました。

こうやって、思い出に浸りながら作業するのって、ぼくは好きです。その子との思い出が、よみがえってきました。気持ちを込めて、別れのメッセージを書き込みました。

次の日、子どもたちにわたします。小さく開いてのぞき込んでいます。班ごとに詩集のラストページにメッセージを寄せようと、呼びかけます。世界に1冊の詩集ができますよ。

じんたくんは、あまりしゃべらないけど、がんばりやだね。絵手紙の文や絵、とっても良かった。もう少し、甘えていいよ。（先生）

じんちゃん、もちもちの木の音読、おもしろかったよ。こんどは一緒におどってみたいな。（ゆめの）

じんちゃんは、なわとびがうまいね。教えてくれてありがとう。次はわたしが、なにか教えるね。（友）

さいごの日に何が起こるだろう！

ちょっとくらい期待していいんじゃない？
おうちの方から、なにかが届く・・・。

メッセージを書いた詩集を子どもたちに贈るのは、終業式の3日前あたりかな。どうして、3日前なのって思うでしょう。

それは、おうちの人の反応を見たいからです。子どもたちが詩集を持って帰る。それをお母さん、お父さんが、受け取り開く。そして、メッセージが載っているページを見つけ読み始める。

おうちの人は、先生や友だちの言葉に、きっと感動するよ。いや、安心したっていう人が多いかな。だって次の日、こんどは手紙が届く。

●たとえ詩集でなくてもいいよ

メッセージカードを子どもに贈ろう。すると・・・。

◆4年生も終わりですね。今までで一番楽しかったなあと最近毎日のように話し別れを惜しんでいます。じんたの心の成長も感じられます。これから少しずつ大人に向かう年齢になります。向き合って一緒に悩んでいこうと思っています。まだ先生が同じ学校にいらっしゃるので、じんたのこと、希望を持っていますよ。本当にありがとうございました。　　（じんたの母）

最後の週に、「花束をあなたに」。自分をほめて、またあした。

さあ成績表はできましたか。校長先生に提出する。そんなとき、ちょっとおもしろいことがあります。提出すると、コメントがついてくるでしょう。

そこで、ぼくは、学年の人に呼びかけて、こちらから先に、コメントを書くようにしています。

「いつも励ましていただき、ありがとうございます。おかげで楽しく働いています。これからも、はげましてください」

こんな調子で、学年でそれぞれ書こうと話しています。相手をいい気持ちにして終わる、大人もね。

いよいよ子どもに成績表を配る。こんな時、どんな言葉をかけていますか。プリントのように機械的にわたしたくありません。

◇絵がうまかったよ
◇あの作文、泣けました
◇算数の発言、驚かされたよ

1年のある場面を思い出し、言葉を添えてください。なんて言おうか、迷ったら、座っている子に「あなたから一言」と、頼みましょう。言葉は、花束に変わります。思いつきでいいです。子どもをほめる。それはあなたの指導がいいんです。

来年度も一緒の学年に。最高の言葉。

自分がしてほしいことを相手にしよう。

修了式が終わり子どもを帰したら、それで終わりのような気がします。けれど、まだあります。それは、同じ学年の人とのお別れです。ときどき、学年の人とうまくいかなくて悩んでいる人に出会います。ぼくも悩みました。

そこで、どうしたと思いますか？　相手の考えを尊重するようにしました。まず自分ではなく、相手の考えからスタートします。場合によったら、ひとつだけ、ぼくの希望を叶えて、などと言いました。こうすると、お互いの実践が伸びてきました。それはどうしてか。お互いが、気持ちよく働けるようにすることが、いい実践をうんだのです。思うようにできているので、自分で間違いにも気づき修正します。

話し合うだけが全てではなく、気が済むようにさせてあげると、自ずと気づくということを知りました。同僚から、来年も一緒の学年を受け持ちたいです、と言われた時の嬉しさ。思い出すなあ。学年の人とのお別れは、せんべいでも持っていきますか。

あとがき

この本は私の人生です。

小学校で働いている時、会議の資料をファイルしていました。けれど、探そうとすると見つからない。いつも探し物の連続でした。

それでどうしたか。

ファイルするのをやめ、よっぽどじゃない限り資料を捨てることにしました。資料がいる時は、資料のファイル名人さんの隣に立って、

「すみません、あの資料を見せてください」

と頼みました。

すぐに出てきます。私が探すよりよっぽど早いです。

提出物の期限が迫ったとき、私はどうしたか。いつも仕事の早い人のそばへ行き、

「もうできたでしょう?　あなたの書類を見せてくれませんか」

お願いしました。そして、その人の資料を少し上書きして提出しました。けっこう早く仕事が終わります。

私が言いたいことは、人を頼るのも才能、だれを頼ったらいいのか知っていることも才

能。自分が全部できないといけない、なんて思わないことです。

そして、なんでもできるとしたら、

「ああ、なんてぼくは平均的な人間だろう」

と、悲しんでください。

だって私は子どもの頃、本当にクラスの真ん中の平均的な子どもでした。思っていることが言えない。得意なことがない。だから自分を表現できない、ちょっと寂しがりやな子でした。担任の先生から、

「もう少し、欲があれば…」

と何回も言われました。

スケッチの時間に、うまい子どもの隣に立ち、絵をまねて少しだけ変えました。すると先生から、

「この絵はおもしろい」

と、初めてほめられました。

「まねて、ひと味加えればいいのか」

子どもなりにそう思いました。

やっといいところを見つけた記念日です。なんでもできるようになろうと思うより、特徴をつくること。そう考えればどうですか。人と比べずにすみます。いいところに目を向

けるでしょう。

＊＊＊＊＊

ここ数年、私の変化は激しいものでした。長年暮らした大分から、白い北海道へ人生の楽園を夢見て引っ越しました。そこで、のんびりカフェをしようと土地を探しました。広大な土地がありました。けれども、鹿はいたけれど、お客になる人がいません。田舎すぎました。何より、カフェをする腕が未熟でした。

(仕事をやめるのが早かったかな)

後悔しました。

そして、

(学校の先生ほど向いている仕事はなかったな・・・)

働いていた頃が懐かしくなりました。

子どもたちのトラブルも、大人の人間関係の大変さも、みんな働いていたから感じたこと。そう思うと、

(いまぼくは、生きているんだろうか)

ふと不安になりました。

仕事は自分を映す鏡だったのです。

幸い、沖縄で再び子どもや学生に関わる仕事に出会うことができました。

今はとっても人にも仕事にも恵まれています。

＊　＊　＊　＊　＊

人生も学級づくりも似ています。

多くのことに力を入れず、まずひとつずつ。そうすると気持ちが軽くなる。あなたが明るくなれば、まわりが照らされ明るくなる。だんだん明るいところが広がっていく。この本が、あなたの人生と学級を照らしてくれることを祈ります。

最後になりましたが、本の出版にあたり、たくさんのアドバイスをしてくださった高文研の飯塚直さん、素晴らしいイラストを書いてくださった広中健次さん、本当にありがとうございました。

人生は過去があるから現在がある。過去と切り離すことはできません。働いていればいろいろな出来事があります。だけど続けてください。きのうまでしてきたことをあしたも続ける。そして無力だなって、思ったらそれでいい。だって、無力なんです。それは、相手が生きている人間だからです。それでも私は続けます。学級がほっと一息つける場所になるように。

二〇一七年春　沖縄で

丹野　清彦

丹野　清彦（たんの　きよひこ）

大分県の公立小学校で働き、人生の楽園を夢見て北海道へ移住する。しかし、人と関わる仕事があきらめきれず沖縄へ。現在は琉球大学教授。全国生活指導研究協議会研究全国委員。おもな著書に『ドタバタ授業を板書で変える』『子どもをハットさせる教師の言葉』『子どもと読みたい子どもたちの詩』『少年グッチと花マル先生』（以上高文研、著者名は溝部清彦）共著に『班をつくろう』『リーダーを育てよう』『話し合いをしよう』（以上クリエイツかもがわ）などがある。

今週の学級づくり　あしたどうする

●二〇一七年四月一一日――――第一刷発行

著　者／丹野　清彦

発行所／株式会社 **高文研**
東京都千代田区猿楽町二―一―八
三恵ビル（〒一〇一―〇〇六四）
電話 ０３（３２９５）３４１５
http://www.koubunken.co.jp

印刷・製本／株式会社シナノ

★万一、乱丁・落丁があったときは、送料当方負担でお取りかえいたします。

ISBN978-4-87498-616-5 C0037